Ⓢ新潮新書

宮口幸治
MIYAGUCHI Koji

歪んだ幸せを求める人たち

ケーキの切れない非行少年たち3

新潮社

はじめに

あの人はどうしてそんなに意地悪なことをしてくるのだろう。いつも陰で人の悪口や愚痴を言っている。すぐにマウントを取りたがる。自分が正しいと思って人の意見に耳を貸さない。ちょっとしたことでも怒る。態度が大きい。本当に性格が悪い……。そう感じる人たちが、みなさんの周りにいないでしょうか。

このような人が近くにいたら付き合いたくないでしょうし、もし同じ学校や職場にいて毎日顔を合わせないといけなかったり、最悪上司だったりしたら、毎日が憂鬱になることは想像に難くありません。それをきっかけに鬱病になる人だっているでしょう。近年ではSNSを使って匿名で容易にコメントを投稿できますから、本人の目の前では言えないことを、陰口のような書き込みで全世界にばらまいている人もいます。そんな卑怯なやり方に憤りを感じている方もおられるでしょう。

でもその人たちは、どうしてそんな意地悪なことをするのでしょうか。育った家庭環境がよくなかったのか、何かへの劣等感をもっているのか、地位や権威が欲しいのか、お金が欲しいのか、愛情が欲しいのか……と、理不尽な振る舞いの理由を考えた経験のある方もおられるかも知れません。

意地悪なことをしてくる理由が分かると、こちらの気分も少し楽になります。例えば、何か不幸なことがあった、家族とうまくいっていなくて毎日辛い思いをしていた、仕事で大きな失敗をしてしまった、重い病気にかかっていた、といった理由で余裕がなくなり周りに当たっていたのだと分かれば、少しは寛容になろうと思えるかも知れません。

そこで、そういった理由の背景をもう少し広げて見てみると、その人たちには、〝どうして自分だけが〟といった怒りが渦巻いていたり、誰かに対する強烈な嫉妬心をもっていたり、自分を愛する気持ちが強すぎたり、異常な所有欲をもっていたり、常識とはかけ離れた固定観念をもっていたり、大きく判断を誤っていたり、といった生きづらさや苦悩があるのが分かります。

ではなぜその人はそういった生きづらさや苦悩を抱え込んでいるのか。その本質の背景にあるものは何なのか。そういった人たちにも、そうでない人たちにも共通していることは何なのか。私はずっとそれを考えてきました。そして「これこそが」と私が強く確信したのが本書のテーマでもある、

「みんな幸せになりたい」

という思いなのです。

本心から〝幸せになりたくない〟と思う人はまずいないでしょう。幸せの形は人それぞれです。好きな人と一緒になる、家族をもつ、人から認められる、やりたい仕事に就く、出世する、お金持ちになる、有名になる、推し活をする、といったものから、嫌いな人が不幸になる、ライバルを蹴落とす、人を支配する、欲しいものは何でも手に入れる、邪魔な敵を消し去る、といったものまで、幸せの感じ方は人によって様々です。しかしそこでも共通しているのは、みんな「幸せになりたい」という動機なのです。

人は「幸せ」になりたいから、結果的に他人が不幸になることでもやってしまうので

す。人は「幸せ」を感じたいから誰かに意地悪なことをしてしまうのです。

「みんな幸せになりたい。だけど、そのやり方がよくないのだ」

そう考えると、みなさんの周りにいる意地悪をしてくる人たちを多少は理解でき、ほんの少しだけでも寛容な気持ちになれるのではないでしょうか。

しかし、同時にそれはその人たちが歪んだ幸せを求めている、ということでもあります。無条件に幸せを追求してもいいと言えるのは、その行為が他者を巻き込んで不幸にしないときに限られるでしょう。幸せを追求しすぎて結果的に自分だけが不幸になってしまうのは自業自得ですが、他者を巻き込んでしまうことは本来、許されることではありません。ところが、他人を不幸の渦に巻き込んででも自分の幸せを求めすぎてしまう人がまさに、

「歪んだ幸せを求める人たち」

なのです。

〝ケーキの切れない非行少年たち〟も、結局は自分が幸せになりたいから非行をやって被害者を作ってきたのです。しかし、これは決して他人事ではありません。みなさんも知らず知らずのうちに歪んだ幸せを求めて、自分ばかりか他者をも巻き込んで、結果的に幸せから遠のいている可能性もあるからです。

「幸せ」を感じる具体的なものには、愛情や人からの承認、お金、物の所有、仕事の成功などがあげられるかと思います。人としてこれらを求めるのは当たり前のことです。しかし、他者と比較して「まだ足りない」と感じて、さらに求め過ぎてしまうとそこにいくつかの歪みが生じます。それが次に挙げた5つの歪みです。

「怒りの歪み」
「嫉妬の歪み」
「自己愛の歪み」

「所有欲の歪み」
「判断の歪み」

人の行動を支配しコントロールしているのは情動と理性です。その中で特に歪みが生じやすく、その歪みが人の行動に大きな影響を与え、歪んだ幸せにつながってしまう5つの要素を取り上げました。これらは重複して生じることもありますし、単独で生じる場合もあります。

例えば、特に才能のない人が、〝自分には特別な才能があるので他者から認められたい、ずば抜けた報酬も欲しい、と異常なほど強く思っている〟とします。この場合、認められ、ずば抜けた報酬を得ることがその人の幸せの一つの形と言えるでしょう。

しかし、もしそれが上手くいかないと、

・自分には特別な才能があるはずなのに他者は分かってくれない、と強い怒りを感じる
・自分より認められている人に酷く嫉妬する

・ずば抜けた報酬を得るために他者に何度もアピールする
・他者が成功できないよう執拗に妨害する

といったことにつながるかもしれません。そうなると、これらは次のような歪みに相当します。

・特に才能のない人が、自分には特別な才能があると思う⇓「自己愛の歪み」
・他者は分かってくれないと強い怒りを感じる⇓「怒りの歪み」
・自分より認められている人に酷く嫉妬する⇓「嫉妬の歪み」
・ずば抜けた報酬を得ることに執着する⇓「所有欲の歪み」
・他者が成功できないよう執拗に妨害する⇓「判断の歪み」

「判断の歪み」については、他の歪みから影響を受けた最終的な結果にも相当します。
怒りや嫉妬、自己愛、所有欲の歪みがあっても、判断に歪みがなく不適切な行動に移さなければ大きな問題は生じません。どのような判断をするかはその人次第だからです。

本書ではこれら5つの歪みのケースを挙げながら、「歪んだ幸せを求める人たち」の背景を探り、本人や周りがどう感じてどう行動すれば、そういった歪んだ幸せを求めることから距離がとれるかを考えていきます。

第1章では、歪んだ幸せを求めたが故に生じてしまった望まない結果や不幸について、5つの歪みにそって極端な事例を紹介していきたいと思います。これら極端な事例は、一つを除き結果的に犯罪になってしまっていますが、決して我々と縁がないケースとは言えません。我々の日常生活においても、一歩判断を誤れば同じような結果を招くことはありうるからです。

第2章では、そういった歪んだ幸せを求めてしまう背景を、心理的観点から5つの歪みに沿って例を挙げながら考えていきます。

また幸せになりたい気持ちは自分に向けられるだけではありません。自分が大切に思う人、例えば自分の子どもにも、幸せになってほしいと思う気持ちもあります。でも、幸せの定義は個々それぞれで、他者からすると幸せに思えないこともあります。その定義が自分の中だけならいいのですが、他人を巻き込むと不幸を生み出す原因にもなります。

第3章では、主に身近な他者との関係性の中にあり、それでいて相手を巻き込んでしまっている事例について、5つの歪みを関連させながら紹介しています。

そして最後の第4章では、歪んだ幸せを求めてしまう自分や、求めてくる相手に対し、どう考えて向き合っていけばいいのかについて、自分と他者の「ストーリー」という概念を用いて考えていきます。そして歪んだ幸せを求めることから解放されることを目指します。

なお、本書で紹介した事例は個人が特定されないよう随所で事実関係を変えてあります。本書がみなさまの幸せに少しでも資することになれば嬉しく思います。

歪んだ幸せを求める人たち　ケーキの切れない非行少年たち3——目次

第3章　身近にある歪み

第1章　歪んだ幸せを求めてしまった人たち

本章では、５つの歪みをもちながら幸せを求めようとした結果、他者をも巻き込んで意図しない結果に向かってしまったケースを紹介していきます。ここに挙げたのは、結果的に極端な結末になったものばかりですが、元をたどれば幸せになりたい、もしくは大切な人が幸せになってほしいといった、誰もがもつごく普通の気持ちから発したものです。

叔母の犬を助けて命を落とした甥っ子

私は長年少年院で勤務してきました。少年院の矯正教育の一環として、非行少年たちに被害者の手記を元に作られた教材を読ませるという取り組みがあります。教材は非行別にまとめられています。例えば、窃盗、暴力、性犯罪、放火、殺人といった形で、それぞれ被害に遭った方々の話が書かれています。そうした教材の中に、まさに本書の一つのテーマを描いていると感じさせられるものがありました。それは以下のような内容でした。


夜中に、ある若い男性は同居する母親に起こされました。

「おばさんの家が火事だって！　早く来て！」

近くに住む叔母の家が放火によって火事になったのです。その男性は、母親と急いで叔母の家に向かいました。まだそこまで火の手が上がっていなかったので、男性は勇敢にも一人で叔母の家に入っていき、何とか叔母を救出することができました。その後、火の勢いが増したので、母親も安堵して叔母を抱きしめました。

ところがその時です。風呂場の窓から叔母の愛犬が顔を出しました。

「ワンワン！」

と助けを求めています。それを見た叔母は、

「私のワンちゃんが！　早く助けに行って！」

とそばにいた男性、つまり甥っ子に叫んだのです。火の手はますます増し、甥っ子はさすがに、

「もう無理だよ。可哀想だけど諦めてくれ」

と答えました。しかし叔母は言うことを聞きません。

「嫌よ！　早く助けてあげて！」

と泣き叫びます。あまりに嘆き悲しむ叔母の姿を見て、甥っ子は激しい炎の中、犬を助けに行くことに決め、再び家に入りました。

そして風呂場にいた犬を見つけると、窓から叔母に手渡しました。叔母は泣きながら犬を抱きしめました。

その瞬間でした。風呂場の入り口が炎でふさがれ、甥っ子は風呂場から出られなくなってしまったのです。次第に火の手が強まり、甥っ子は熱さと煙で、もがき苦しみ、最後は壮絶な苦しみの痕を残して焼け死にました。風呂の壁や自分の顔まで爪でひっかいた痕が残っていたそうです。

この教材を読んだ後には、非行少年たちに向けていくつかの質問が準備されています。非行少年たちに考えさせるのです。最後の質問がポイントです。

・火にまかれて死んだその男性の気持ちを考えてください。

・ひどく苦しんで死んだ我が子をみた母親の気持ちを考えてください。

・自分の甥っ子を失った叔母は、放火犯に何と言ってやりたいでしょうか？

最後の質問を読んで私は強い違和感を持ちました。これらの質問は放火された被害者の気持ちや放火犯への憎しみの気持ちを考えさせるものです。もちろん放火犯がしたことでこの事件が起こったのは間違いなく、放火犯が最も責められるべきです。しかし、果たしてこの叔母は放火犯を一方的に責められる立場にあるでしょうか。彼女には何も問題はなかったのでしょうか。

ここでペットの生命の軽重について議論するつもりはありません。叔母にとってその犬は自分の家族同然だったのでしょうし、火事という突発的な事態にパニック状態になっていたのかもしれません。でも、結果的に甥っ子の命が奪われました。

飼い主自らが火事の中にペットを助けに行ったというケースや、自分よりも先にペットを助けてほしいと頼んだケースはネットのニュースでも見かけますが、それでも稀です。さらに、誰か別の人に自分のペットを助けに行かせ、その人を死亡させたケースとなると、どのくらいあるのでしょうか。甥っ子に犬を助けに行かせた叔母は、甥っ子の命の危険を考える以上に、愛犬と一緒にいたいという自分の気持ちを優先させてしまったのです。ただ、後になって冷静に考えれば違った判断を下していたかもしれませんし、甥っ子を死なせてしまったことに大きな後悔を感じているかもしれません。

我々は幸せになるために、人生において数多くの判断を下していかねばなりません。しかし、その判断を誤ってしまうと、他者をも巻き込んでかえって幸せから遠ざかってしまうこともあります。これが「判断の歪み」なのです。

冷静な判断をするための時間がいつもあるとは限りません。瞬時に適切な判断が求められることも多々あるでしょう。愛犬と一緒にいることが叔母の幸せだとしたら、この甥っ子を死なせたケースは、まさに叔母の瞬時の「判断の歪み」のもと、歪んだ幸せを求めてしまったがゆえに起こったのです。

また、このケースには別の観点もあります。どのような判断にも、その人のそれまでの経験や生き方、価値観などが影響してきます。つまり日頃からどう感じ考えながら生活しているかが影響するのです。

2024年1月に羽田空港で海上保安庁機との衝突事故によって起きた日本航空機の火災では、キャビンアテンダントの指示に従って乗客が冷静に行動した結果、全員の命が助かりました。しかし、もしそこで「私は特別な人間だから私を優先しろ!」とキャビンアテンダントに詰め寄るような人物がいたとしたらどうでしょうか。その人物は、他者の命を犠牲にしてでも自分は助かりたい、と考えているということです。この人物は普段から〝自分自身の目的を達成するために他人を利用する〟という考え方や生き方をしているのであろうことも察しがつきます。次章でもご説明しますが、ここには「自己愛の歪み」が根底にあるのではと感じます。

もう一度、この放火のケースについて考えてみましょう。飼い犬を諦めるように甥っ子から言われても「嫌よ！　早く助けてあげて！」と叫んだ叔母は、愛犬を助けるという目的のために、結果として甥っ子の命を奪ってしまいました。その叔母にも「自己愛の歪み」がなかったと言えるでしょうか。

母親からすれば、叔母がそういった「歪んだ幸せ」を求めてしまったせいで息子が奪われたのですから、やりきれないでしょう。幸せになりたい気持ちはみんな同じですが、そこに歪みが伴ってしまうと、他者をとんでもない不幸に陥れることがあるのです。

祖母を悲しませたくないから死なせてあげよう

殺人未遂で少年院に入院してきた、ある高校生年齢の非行少年の話です。彼は対人関係が苦手で友人ができず、将来を悲観して自殺しようと考えました。しかし、彼にはどうしても気になることがありました。それは、幼少期から彼に愛情を注いでくれた祖母のことです。彼も祖母が大好きでした。〝もし自分が死んだらお祖母ちゃんはとても悲しむだろう〟。それが彼の気がかりでした。祖母を悲しませたくない。次第にその気持ちが強まってきました。ここで普通であれば、〃やっぱり自殺は止めておこう〃と考えるでしょうが、彼は違いました。〃とにかく祖母を悲しませたくない。自分の死んだ姿を見たら悲しむだろうから、悲しまないで済むように先に死なせてあげよう〃と考えたのです。

そこで、その少年は祖母宅に遊びに行くと母に言って、自宅からハンマーをカバンに入れて出かけました。真剣に祖母のためを思っての行動ですから躊躇《ため》いがありません。祖母宅に着くと、迷うことなく祖母を背後からハンマーで襲いました。幸いにも一緒にいた祖父が異変に気付き、少年の行動を止め祖母は軽傷で済みましたが、さすがに祖父母は警察に助けを求め、少年は逮捕され少年院に来ることになったのです。

少年院でその少年と面接した時、彼に自分のやったことについて聞いてみました。今はどう思っているのか、と。すると彼は、

「あれは勘違いでした。今思うと大変なことをしてしまいました」

と照れながら話したのです。

事件当時の彼にも言い分はあったはずです。祖母が嘆き悲しむことは祖母にとって不

幸であり、それは防いであげたい。それなら幸せのまま死なせてあげたい、ということなのでしょう。さらに祖母の嘆き悲しむ姿を想像することで生じる自らの辛さも払拭したいという気持ちもあったと思います。こういった「判断の歪み」のもと、行動に及んだのですが、もとは祖母の幸せを願った気持ちが、いっそう祖母を不幸に近づけることになってしまったのです。

相手を喜ばせたいという動機が相手を悲しませる

これと立場が逆のケースとして、親子心中があります。国内では分かっているだけでも年間30～40件ほど起きていますが、その理由としては借金苦、離婚、親の精神疾患などがあげられます。

心中を選んだ人たちも、それまでは懸命に幸せを求めてきたはずです。しかし、それが叶わず長年苦しんできたことが想像されます。そして、幸せになれないなら生きていても子どもが可哀想と思い込み、一緒に死を選ぶという歪んだ判断をしてしまったのです。

いつ何時、経済的困窮、離婚、愛する人との死別などに直面するかは誰にも分かりません。いまは平穏に暮らしているあなたでも、幸せになりたい思いが強すぎると、その先の判断を歪めてしまうことは十分にありえるのです。

相手を喜ばせたいという気持ちから判断が歪むと、さらに相手を悲しませてしまうこともあります。

ある少年は、窃盗を繰り返し少年院に入りました。約1年後、少年院を出て社会で生活するようになりましたが、生活に困り、ある年上の恩人からお金を借りました。その恩人は少年がしっかりした仕事に就けるよう、初期費用として金銭的な援助をしてくれたのです。

ところがその少年はお金を遊びに使ってしまって返せなくなったのです。少年は、恩人にはしっかり更生した姿を見せて喜ばせたい、お金だけはきちんと返したい、という気持ちから、再び窃盗をして、また少年院に入ることになってしまいました。結局、彼の更生を応援してくれていた恩人をさらに悲しませることになったのです。

別の元非行少年は、今まで悪いことばかりやって苦労をかけてきた母親を喜ばせたいという強い思いから、お金を稼いで母親に高価な誕生日プレゼントをしました。母親はとても喜びました。しかしそのお金は、振り込め詐欺の受け子をやって儲けたものだったのです。後にその少年は逮捕され少年院に送られ、結局は母親をいっそう悲しませることになりました。

この二人に共通しているのは、自分の更生した姿を見せることで結果的に大切な人に幸せになってほしかったという願いです。これは誰にとっても当たり前の願いでしょう。しかし、独りよがりな思いが強すぎると「判断の歪み」が生じ、不適切な行為につながってしまうこともあります。まさに「歪んだ幸せ」を求めた結果、幸せどころか相手をさらに不幸にしてしまうのです。

女性への歪んだ想いから殺人未遂に

ある少年は、近所に住む同い年の女性に好意をもっていました。その少年は彼女とほとんど会話をしたことがなかったのですが、相手も自分に好意をもっているはずだと思い込んでいました。お互い恥ずかしいのでなかなか会話を交わせないでいるのだと、その少年は勝手に信じていたのです。しかしある時、学校で彼女が笑顔で他の男子と話しているのを見て、とてもショックを受けたそうです。〝自分のことが好きなはずなのに。ひょっとして自分がはっきりと気持ちを伝えていないから他の男子を好きになったのでは？〟と。

それから彼女が笑顔でいるときはいつもその男子のことを考えているのではと妄想し、次第に嫉妬心が強まってきました。そして、どうしても嫉妬心を抑えられなくなり、本人から直接本心を聞き出そうと彼女の家に行こうと決めたのです。

深夜に彼女の家に向かった時、彼は刃物をもっていました。偶然にも玄関のドアが開いていたので、彼女が寝ているだろう2階に上がりました。これも偶然ですが部屋のドアをあけると、そこのベッドに彼女が寝ているのを見つけます。導かれるようにベッドの横に座ると、少年は刃物を取り出し彼女に声をかけました。

「何もしないから声を出さないで」

彼女がそっと目を開けると傍にはほとんど話したことのないその少年が座っていて、手には刃物をもっています。どれほど驚いたことでしょうか。

女性は咄嗟に、

「帰って」

と小さくつぶやきました。その少年はしばらく彼女の目を見つめていましたが、彼女の嫌がることをしたくないと思ったそうです。そしてそのまま部屋を出て、階段を降りて帰ろうとしました。しかし、リビングでまだ起きていた父親と鉢合わせしてしまい、刃物をもっていたことから大騒動となりました。少年は父親に取り押さえられ、殺人未遂で逮捕となりました。

嫉妬心は誰しもがもっていますし、それ自体は悪いものではありません。しかし、嫉妬が度を越すと時に判断をも歪め、人を異常な行動に至らせます。そのような嫉妬には歪みがあると言えます。この例はストーカー殺人にも繋がり兼ねない事件ですが、元々の原因は好きな彼女と付き合うことを夢見た少年の求めた幸せにあるはずです。しかし「嫉妬の歪み」から、そのつもりがなかったとしても「歪んだ幸せ」を求めてしまい、殺人未遂といった一生消えない罪名を背負いこむことになったのです。

マナーの悪さが命取りに

私が20代の頃に読んだ雑誌の記事です。ある男子大学生が電車の中でマナーの悪さを注意され、注意した相手に暴力をふるって怪我をさせ、逮捕されたという内容でした。ヘッドホンから漏れる音楽の音が大きいことを、ある男性がその大学生に注意したところ、それに腹を立て男性を車内で何度も殴り続け、鼓膜を破るなど怪我を負わせたのです。大学生は傷害容疑で逮捕され、決まっていた会社の内定も取り消されたとのことでした。

その記事には、〝マナーの悪さが命取りになる〟と書かれていました。これは「マナーが悪いと周囲から注意され、一生を棒に振るようなトラブルにつながるから、マナーには気をつけよう」といった趣旨だったと思います。この時、私が思ったのは、マナー違反は誰しもが知らず知らずのうちにしてしまっている可能性があり、いつ何時、誰から注意されるかもしれず、その際にいかに冷静に聞けるかが大切だということでした。

しかし、頭ごなしに注意されたりすると、もちろん自分が悪いことが分かったとしても〝わざとではないのに、そんな言い方をしなくても〟と怒りを感じることもあります。

そこでかっとなってしまうと、こういったマナーに絡んだ暴力事件につながることがあるのです。

インターネットのニュースなどでも、

〝立ち小便を注意されたことに腹を立て、相手を殴って傷を負わせた〟

〝電車内でタバコを吸い、注意してきた男子高校生に暴力を振るって大怪我をさせた〟

といったものが散見されます。いずれもマナー違反、法令違反を注意されたというきっかけがあります。

かつて〝やられたらやり返せ〟〝100倍返し〟といった言葉が流行りました。仕組まれた陰謀や悪事には怒りを感じても当然ですし、むしろ怒りを原動力に悪い奴らを退治したら、見ている周りも爽快な気分になるでしょう。これらは不正義に対する理性的な怒りでもあります。

しかし、先ほどのマナー違反を注意されて暴力を振るうような怒りは、別の怒りでしょう。馬鹿にされたと感じ、それに対して反射的に生じた、動物的な歪んだ怒りです。

動物的な歪んだ怒りについては、近年問題になっている煽り運転に関連した事件でもよく見られます。こうした怒りを制御できないと殺人にもつながります。

２０２２年3月に大阪府堺市で、バイクを運転していた男性が煽り運転によって死亡しました。被害者の男性が被告の車を蹴ったことに腹を立てて、被告はバイクの前に自分の車を割り込ませてバイクを転倒させ、その男性を即死させたのです。自分の愛車を蹴られれば、おそらく誰でも怒りを感じるでしょうが、約3分もの間、無防備なバイクに対して幅寄せや煽り運転を繰り返し、挙句の果てに相手を殺害した行為の背景には、常軌を逸した大きな「怒りの歪み」があります。

この場合の「怒りの歪み」は、馬鹿にされたと感じ、かっとなったことがきっかけに生じたと想像されます。人の根底には〝軽んじられたくない〟〝尊敬されたい〟といった気持ちがあります。そこから得られるだろう幸せを強く求め過ぎてしまうと、判断を誤り結果的に「歪んだ幸せ」を求めることになるのです。

理不尽な扱いを受け、怒りを感じることはみなさんにも多々あるでしょう。しかし、そこに「怒りの歪み」が生じると、取り返しのつかない事態につながることは知っておくべきでしょう。

窃盗の被害者に生まれた加害者への殺意

ある被害者の話です。その男性は買ったばかりの400ccのバイクを盗まれました。警察に言ってもほとんど取り合ってくれず、車も持っていた男性は「車に乗っているのだったらバイクなんて乗らなくなるよ」と言われたほどです。しかし調書作成に細かいことまで聞かれ、時間を取られました。さらに盗まれたバイクの税金を払い続けなければならなくなるので廃車手続きもしなくてはならず、上司に頼んで休みをもらい役所に手続きに行きました。しかし書類もバイクの中にあり手続きがややこしく、結局終わったのは夕方だったそうです。被害に遭ったのにどうして自分がこんな目に、と悔しくて涙が出るとともに、盗んだ奴を殺したいと思ったそうです。犯人の歪んだ所有欲は、その男性に殺意が芽生えるほどの苦痛を与え、幸せな気持ちを奪ったのです。

別の被害者の話です。ある少女は、学校で自分のカバンに入れておいた音楽プレーヤーを盗まれました。それは定期試験で頑張っていい点を取ったらと約束していて、母に無理を言ってご褒美に買ってもらったものでした。毎日のように大切に使っていました。

それを盗まれてしまった彼女の悲しみ、悔しさは想像に難くありません。2週間後に、盗った子が担任の先生に誰が盗ったか分からないように渡して、音楽プレーヤーは戻ってきたようですが、もちろん盗った子からの謝罪はなく、中に入っていたSDカードも抜き取られていました。誰か分からない盗んだ子に対して「こいつ、ほんとに死ねばいいのに」と思ったそうです。

音楽プレーヤーはバイクに比べると安価ですが、本人にとっては大切なものです。盗った子は、〝あれ欲しい〟といった軽い気持ちで盗ったのでしょうが、その少女に怒りを与え、音楽を聴くことで得ていたであろう幸せな時間を奪ったのです。

窃盗は少年非行の中でもっとも多いものです。少年院に入院してくる少年たちの多くも窃盗によるものです。非行の背景には家庭環境の問題などもあり、空腹のため食料品を万引きしたといった例がありますので一概には言えませんが、客観的に見て、人のものを盗んでまで自分の所有物にしたい、という気持ちはやはり「所有欲の歪み」と言えるでしょう。多いのが自転車や原付バイクの窃盗、コンビニやスーパーなどでの商品の万引きですが、一度や二度、盗んだだけではふつう少年院には来ません。これでもか、これでもかというほど窃盗を繰り返さないと少年院送致にはならないのです。

分かっているようで分かっていないのか、なかなか所有欲を抑えられない人たちは大勢います。ある少年は、9歳の頃から万引きを繰り返していました。それがバレて少年院に入院し、出院してからも窃盗を繰り返しました。2回目、3回目、そして20歳になる直前に4回目の入院となりました。聞いてみますと、お金があるとすぐに友人に奢ったり、自分で使ったりしてしまい、あっという間にお金がなくなってしまう、だから店の商品を盗むのだとのことでした。このケースはクレプトマニア（窃盗症）と言えるかも知れません。

金銭への歪んだ所有欲は、2023年におきたビッグモーターによる自動車保険の保険金不正請求といった会社ぐるみの行為にもみられます。違法行為をしてでもお金を儲けたいといった「歪んだ幸せ」を追求してしまったのです。

人のもっているものや高価なもの、珍しいもの、自分にとって価値のあるものなどを所有できたら、幸せな気持ちになれるかもしれません。また欲しいと思う気持ちは正常な所有欲の範囲です。しかし、それを無理やり盗る、騙してでも盗るという行動に移すかどうかは別の話です。盗んででも自分の欲を満たすといった形で「歪んだ幸せ」を求めると、盗んだ本人は犯罪者になり、ますます幸せから遠ざかってしまうのです。

第2章　幸せの前に立ちはだかる5つの歪み

前章では、幸せになりたいがゆえに歪んだ幸せを求めてしまい、その結果、逆に幸せから遠ざかってしまったケースについてご紹介しました。幸せをいくら追い求めても、そこに行きつくまでにはいくつかの障壁があります。歪んだ感情や歪んだ思考、歪んだ判断力などが幸せの前に壁として立ちはだかっていて、そう簡単に辿りつけません。適度な自己愛、所有欲、判断力のもと、さまざまな怒りの気持ちや嫉妬心を抑えながら、歪みの壁を少しずつ乗り越えていくことが必要です。しかし上手く壁を乗り越えられないまま無理に幸せを求めてしまうと、本来の幸せから余計に遠ざかってしまうのです。

本章では幸せの前に立ちはだかる壁として、怒り、嫉妬、自己愛、所有欲、判断の５つを想定し、そこに潜む歪み（怒りの歪み、嫉妬の歪み、自己愛の歪み、所有欲の歪み、判断の歪み）について、心理的な観点からみていきます。以下では、より本能的な感情から順に扱っていきたいと思います。

怒りの歪み

現在、怒りについて数多くの書籍が刊行されています。ただその大半が、怒りをよくないものとして捉えており、怒りを鎮めたり理解してコントロールしたりするといった、アンガーマネージメントのような方法論を説くものが多いようです。

古代ローマのストア派の哲学者セネカの『怒りについて』では、様々な角度から実例をまじえながら怒りを分析しており、その予防法や対処法も記されています。そこにはこう書かれています。

「怒りは決してそれ自身で発するものではない。心が賛同してからである。なぜなら、不正をこうむったという表象を受け取ること、それに対する復讐を熱望すること、さらに二つのこと、自分は害されてはならなかったということと報復が果たされなければならないということとを結びつけるのは、われわれの意志なしに惹起される類いの衝動に属してはいないからである」（『怒りについて』兼利琢也訳　岩波文庫）

自分が不当に扱われたことと復讐が正当化されると考えることを結びつける怒りは当人の意思であり、自発的なものなのです。かのアリストテレスも自分が軽視されたり貶められたりしたと認識することで怒りが刺激されると述べていますが、それ以外にも、報われない、評価してもらえないことでも怒りが生じるでしょう。

また時には怒りは必要なものでもあります。例えば人種差別に対する、いわゆる正義の怒りのようなケースです。ですが、一方で怒りに支配されてしまうと理性的にいられなくなることも懸念されます。ニューヨーク市立大学のジェシー・プリンツ教授は怒りの恩恵を認めながらも、有害な怒りがあること、それらをそうでないものと区別することは可能であることを主張し、怒りが間違った方向に進むいくつかの状況を挙げています。怒りの歪みによって明らかに歪んだ幸せにつながってしまう場合を、彼の論稿から抜粋・要約してご紹介します。

・怒りの責任のありかを間違えること
自分自身の不満を他人に向けたり、職場での怒りを家庭に持ち込んだりすること
・怒りの対象を広げすぎること
コロナ禍におけるある国への怒りなど、怒りをある特定の人種に向けたりすること
・過剰反応して怒りを爆発させること
子どもの些細な失敗に対して過剰に反応し、虐待などをしてしまうこと
・怒りのはけ口を間違えること
怒りを自分自身に向け、自傷行為や薬物依存などに至ること

(『怒りの哲学　正しい「怒り」は存在するか』ニュートンプレスを参考に要約)

これらのように怒りには適切なものと有害なものがあり、有害なものを区別して自覚しておくことは怒りの歪みを乗り越える上で有用です。

過剰反応で傷害事件

２０２３年６月、こんなニュースを聞きました。北海道小樽市のホテルの朝食バイキング会場で、観光で来日していた韓国籍の30代の女性が、同じく観光で来ていた70代の女性の肩を手で押し転倒させて両手を打撲するけがを負わせ、傷害の疑いで逮捕されました。二人に面識はなく、朝食バイキング会場で加害女性が、被害女性の手荷物に足が当たったことなどを注意され、それに腹を立て傷害事件につながったようです。せっかく海外から日本に観光にきていたのに、些細なことで傷害事件の容疑者として逮捕されるのは、本当に馬鹿らしいことです。

加害女性の怒りは、先述のプリンツの分類で言えば、〝過剰反応して怒りを爆発させること〟に該当しそうです。過剰反応してしまったせいで日本での楽しいはずの旅行が台無しになってしまいました。また、それは被害女性にも言えることで、どのように注意したかは分かりませんが、怒りによって、怒った人、怒られた人の両方に不快な思いが生じ、両方とも幸せから遠ざかることとなりました。二人とも、旅行を通して幸せを感じたかったはずですが、幸せになるために欠かせないものの一つである〝不当に扱われたくない〟といった強い思いが、歪んだ怒りに変わり二人を幸せから遠ざけてしまったのです。

概して人は、平等に扱われたい、大切に扱われたい、尊重されたいという普遍的な欲求を持っており、これらが満たされることが幸せに繋がっていきます。これらが阻害されないように、つまり自己の尊厳を守るために、ときには自らの気持ちや主張を押し通したくもなるでしょう。そこに怒りの表現が生じることもあり得ます。自己の価値を下げるようなものに対して怒りを感じることは決して悪いことではありません。ただ、その怒りが表出されるトリガーポイントや閾値《しきいち》は人によって異なりますし、また誰にどんな状況で阻害されたかによっても異なってきます。少々のことでは怒りを感じない人でも、あるタイプの人物から不本意なことを少しでもされると強い怒りを感じることもあります。普段は温厚な人でも職場で好きでない先輩から、みんなの前でミスを指摘されたりすると、怒りが生じたとしても無理はありません。

ところが、もしこれらのトリガーポイントや閾値が歪み、適切な程度でなくなってしまったらどうでしょうか。他者からみると些細なことでも強い怒りが生じ、冷静さを失い、判断力を鈍らせてしまうことにもなりかねません。強い感情が判断力に影響を及ぼすことについてはすでに多くの研究（Forgas ,J.P. など）がなされていますが、皆さんも思い当たることがあるかも知れません。誰しもかっとなると冷静な判断がしにくくなり、その結果、歪んだ幸せにつながってしまいます。先のホテルの朝食バイキング会場のケースはまさにそのような歪んだ怒りによるものなのです。

では怒りを適切にコントロールするにはどうすればいいのか。怒りが生じること自体を抑えるのはなかなか困難ですが、事前に心の準備をしておいたり、相手の立場を少しでも理解したりすることで、怒りを軽減させることは可能です。怒りとともに生きる方法については第4章でご紹介します。

嫉妬の歪み

嫉妬は自己愛とセットで述べられることもあります。嫉妬について歴史的にみますと、紀元前8世紀に成立したとされるホメロスの『イリアス』に描かれている、トロイア戦争でのブリセイスをめぐるアキレウスとアガメムノンの争い（当時、ギリシア軍の総指揮官であったアガメムノンが、アキレウスの戦利品で愛妾のブリセイスを奪ったできごと）における嫉妬、近世ヨーロッパのシェイクスピアによる『オセロー』に描かれている病的な嫉妬などがよく引用されています。19世紀ドイツの哲学者ニーチェは〝ルサンチマン〟という言葉で不毛な嫉妬心を表現しましたし、ドイツ語には〝シャーデンフロイデ〟という、〝他人の不幸は蜜の味〟を意味する表現もあるくらいですから、嫉妬が自己愛とセットになっているのがよく分かります。

日本でも平安時代から江戸時代にかけて、前妻が後妻に恨みを晴らすために、同志の女性を集め集団で後妻の家を襲う〝後妻打《うわなりう》ち〟という風習がありました。これも嫉妬そのものでしょう。

嫉妬の研究論文は複数ありますし、嫉妬がテーマの書籍は枚挙に暇がありません。1905年に出版された石田孫太郎氏の『嫉妬の研究』（丸山舎書籍部）をはじめ、半田孝海氏の『嫉妬の研究』（古文堂）、恋愛や嫁姑間の感情として扱われてきた嫉妬を社会的な研究対象として考察した詫摩武俊氏の『嫉妬の心理学』（光文社）、歴史の動きを嫉妬の観点からみた山内昌之氏の『嫉妬の世界史』（新潮新書）、日本人の嫉妬の特徴を多方面からまとめた谷沢永一氏の『嫉妬の正体』（祥伝社新書）、精神科医が心理面から考察した片田珠美氏の『嫉妬をとめられない人』（小学館新書）、自己愛との関係から解き明かした佐藤優氏の『嫉妬と自己愛』（中公新書ラクレ）など、嫉妬についてはさまざまな視点から書かれています。

こうした本の認識には、嫉妬は誰にでもあり生涯にわたって持ち続けること、嫉妬しやすい人とされやすい人がいること、嫉妬にはプラス面とマイナス面があること、嫉妬の程度が過ぎれば好ましくない事態に繋がること、それは個人を破滅につなげるだけでなく時には国を亡ぼすなど歴史を変えるレベルであること、などが共通しています。結局のところ嫉妬心自体は人として自然な反応なのですが、その程度が過ぎると問題になるということです。

詫摩武俊氏は『嫉妬の心理学』の中で、嫉妬を生むきっかけとなる４つの条件を記しています。

・自分と同等か、それより劣っているものが優位に立つ。

・自分の嫌いなもの、軽蔑しているものが優位に立つ。
・自分と同性のものが優位に立つ。
・自分より優れたものから優位を誇示される。

この4条件は、嫉妬の結果もたらされるだろう怒りについてセネカが述べたことと、本質的には違っていません。たとえば、皆さんがある大切な会合に招待されたいと思っていたとき、自分と近い立場の人だけが呼ばれ、自分に声がかからなかったら、おそらく「どうしてあの人が呼ばれ自分が呼ばれないのか」と嫉妬をすることでしょう。

しかし、2023年に広島で開催されたG7（主要7か国首脳会議）に招待されなかったからといって各国首脳に嫉妬する人はほとんどいないでしょう。つまり嫉妬の対象となる状況はその人によって限定されるものなのです。

ただ現在はSNSの普及で、本来であれば知らずに済んだ他者の情報に能動的、受動的に接する機会が増えて、他者と比較してしまう状況がますます多くなり、嫉妬が生まれるきっかけが増しているかもしれません。身近な誰かが自分より成功していたら、嫉妬心が生じ、それがある限り、幸せを感じにくくなる可能性があります。妬みによりその身近な人の失敗を願ったり、妨害したりすることもあるからです。

嫉妬の解釈については、アメリカのコミュニケーション学者のジェニファー・ベヴァンが大きく４つの枠を用いて整理しています。原因（男女関係、友人・家族関係、仕事や社会的活動など）、性質（実在するものか、しないものか）、要素（認知の仕方、感じ方、行動の仕方）、程度（正常範囲か病的か）といったものです。特に要素に含まれる認知の仕方は、そこに大きな歪みが生じれば、幸せとは遠ざかる結果を生みやすいのです。

ある男性Ａさんが好意を寄せているＢさんという女性がいるとします。Ｂさんが誰かに取られるのではないか、自分以外に誰か好きな人がいるのではないか、と実在するかどうかも不確かな人に対してＡさんが考えすぎて強い嫉妬をもってしまうと、Ｂさんをずっと付け回したり、その程度が病的になればストーカーになってしまったりします。これはＡさんにとってもＢさんにとっても不幸なことです。ストーカーに限らず、往々にして嫉妬される側も幸せから遠のいてしまうこともありますので、嫉妬されないための工夫が必要なこともあります。

ここで追記しておきたいのは、嫉妬心すら起きないケースもあるということです。一つは、認知機能に弱さがある場合、つまり他者が自分より優位な状態であることを理解できないようなケースです。

ある勉強が苦手な子がいましたが、その保護者はできないことを気にしない我が子をもどかしく思っていたそうです。ところがあるトレーニングを行う過程で、周囲の状況をある程度理解できる力がついてきて、自分より成績のいい友人の存在に気づき、そして嫉妬し、できない自分を悔しがるようになったとのことでした。悔しがることは勉強への動機づけにも繋がりますので、いい意味で嫉妬心が芽生えたわけです。

もう一つの嫉妬心すら起きないケースは、自己愛が強すぎる場合です。つまり、自分は特別であり、逆に他者から嫉妬される存在だと思い込んでいるケースです。自己愛の程度が不適切な場合については、次の「自己愛の歪み」でご説明します。

自己愛の歪み

自己愛についても多くの書籍が出版されています。自己愛も適度であれば問題ないはずですが、極端になれば幸せから遠ざかることが容易に推測されます。自己愛は英語ではナルシシズム（narcissism）ですが、日本ではナルシストという言葉はどちらかというと、自分が大好きで自己中なネガティブなイメージで使われることが多いようです。また自己愛には自虐的で自己破壊的な側面もあると報告されており、これは精神科医の斎藤環氏が著書『「自傷的自己愛」の精神分析』（角川新書）の中で「自傷的自己愛」と呼んでいるものに近い概念と思われます。

自己愛には、誰もがもつ正常な心理学的機能としての意味合いと、自己愛性パーソナリティ障害に代表される病的な意味合いの二つがあります。近年は、適切に自分を愛するという正常な機能の側面が注目されつつあります。ただ正常な機能の立場からでも、自己愛の程度が過ぎると自己愛性パーソナリティ障害といった病的な状態に近づきます。

ここで少し自己愛性パーソナリティ障害についてみていきたいと思います。米国精神医学会（ＡＰＡ）が発行している精神疾患の診断分類ＤＳＭ－５によりますと、自己愛性パーソナリティ障害の診断基準は、

「誇大性（空想または行動における）、賛美されたい欲求、共感の欠如の広範な様式で、成

人期早期までに始まり、種々の状況で明らかになる。以下のうち5つ（またはそれ以上）によって示される」

と記されて、以下の合計9つの状態を挙げています。

①自分が重要であるという誇大な感覚（例：業績や才能を誇張する、十分な業績がないにもかかわらず優れていると認められることを期待する）
②限りない成功、権力、才気、美しさ、あるいは理想的な愛の空想にとらわれている
③自分が〝特別〟であり、独特であり、他の特別なまたは地位の高い人達（または団体）だけが理解しうる、または関係があるべきだ、と信じている
④過剰な賛美を求める
⑤特権意識（特別有利な取り計らい、または自分が期待すれば相手が自動的に従うことを理由もなく期待する）
⑥対人関係で相手を不当に利用する（すなわち、自分自身の目的を達成するために他人を利用する）

⑦共感の欠如：他人の気持ちおよび欲求を認識しようとしない、またはそれに気づこうとしない
⑧しばしば他人に嫉妬する、または他人が自分に嫉妬していると思い込む
⑨尊大で傲慢な行動、または態度

診断がつく障害レベルの方は、みなさんの周囲にはなかなかおられないかもしれませんが、診断がつかなくてもそれに近い状態の人たちは少なからず存在します。そういった人たちが周囲を巻き込んで歪んだ幸せに向かっている可能性は十分にあります（注）。

診断基準から考えると、二つのケースが考えられます。一つは数の問題です。つまり、まだら状に自己愛性パーソナリティ障害の特徴がある場合です。たとえば先に挙げた９個の特徴のうち、５つ未満の項目しか満たさない場合は厳密にいうと診断はつきません。④〜⑧は対人関係、①と③は自己イメージ、②は認知、⑨は行動というように４つの領域に分かれるとされますが、②のような認知様式で、①と③のような自己イメージをもっていて、⑧または、⑨いずれか一つのように行動したとしても、４つしか該当しませ

んので診断はつかないことになります。〝大した実績もないのに、大きな成功を空想し、自分は特別な存在であり、みんなは自分に嫉妬していると思っていたり、傲慢な態度をとったりする人〟がいたとしても、診断基準の4つしか該当しないので厳密には自己愛性パーソナリティ障害にはならず、単にあまり近づきたくない人に過ぎません。そうした人たちも幸せになりたい気持ちは強いでしょうが、余計に幸せから遠ざかっている人のように思えます。まさに歪んだ幸せを求めている人たちです。

もう一つは程度の問題です。先の9つの特徴に近いものは持ち合わせていても、その程度が少しだけ低いようなグレーな場合です。

ところで9つの特徴の中には相反するような心情が含まれています。例えば、3つ目の「自分が〝特別〟であると信じている」と4つ目の「過剰な賛美を求める」で、自分が特別であると信じている人が、そこまで過剰な賛美を求めるのか、また8つ目の「他人に嫉妬する」と「他人が自分に嫉妬していると思い込む」というのは、嫉妬する側と嫉妬される側のいずれでもいいのか、といったことなどです。

これらについては、『自己愛の障害　診断的、臨床的、経験的意義』（エルザ・F・ロニ

ングスタム編　佐野信也監訳　金剛出版）では、1980年代頃より複数の研究者らによって、自己愛性パーソナリティ障害には二つのタイプがある、とされています。「見栄っ張りで自己中心的な自惚《うぬぼ》れ屋」と「おどおどして抑制的な恥ずかしがり屋」、または「鈍感型（無関心型）」と「敏感型」、「顕在的」と「潜在的」などに分けられるべきだと書かれています。ただ、アメリカの精神科医グレン・O・ギャバードによると、この二つのタイプが完全に分けられるのではなく、自己評価の維持のために両方の特徴をもちあわせ、中間がなくスプリットし、行動の仕方においてそれぞれで大きく異なった特徴がでることもあるといいます。いずれにしても中間に位置する等身大の自分でなく、両極端な特徴をもつことが生きにくさにつながるわけです。

この両極端な状態は障害の領域になりますのでここでは扱いませんが、グレーに近い状態は知っておく必要があります。両極端でさえなければ常に正常な機能として自己愛が機能するとは限らないからです。両極端な障害のレベルまではいかない程度での自己愛であっても、どちらか一方に偏ってしまえばそれがさまざまな歪んだ幸せに繋がりかねません。これが程度の問題です。

米国の精神科医ミッシェル・H・ストーンは前掲書（『自己愛の障害　診断的、臨床的、経験的意義』）の中で正常な自己愛について述べ、自己主張的・攻撃的な側面、自己保護、高揚した自己尊重、権利意識、美・権力・地位・富の追求などに関して、それらが適切な程度であれば正常な自己愛に含まれるとします。そこに書かれている内容を順にご紹介します。

自己主張は、その個人が愛情や仕事面で満足するために、攻撃は、自己の生存が脅かされるような場面において、正常な自己愛の特性として理解されます。

自己保護は、適切な自己尊重と自己評価のことで、これが正常な自己愛を育みます。自己への適切な尊厳が維持されると正常なプライドが保たれます。また社会階層における自分の位置づけに満足でき、多くを求めずあるがままでいられることが正常な自己愛とされます。

高揚した自己尊重は、カリスマ的な人のもつ途方もない自信、リーダーシップに必要な高い自己尊重と自己価値意識、社会的立場を獲得するための競争心などのことで、これは正常な自己愛を僅かに逸脱するものですが、ときには必要なものであり病的なものではないとされます。

権利意識は、他者の権利を侵害しない程度において、生存、自由、幸福を追求する、万人に認められている権利のことです。そういった過剰でない範囲での権利意識であれば病的な自己愛には相当しません。

美・権力・地位・富の追求は、際限なく求めたりしなければ、動物行動学的にみると自己の遺伝子を保存し再生産する上で、正常な自己愛の一部といえます。

以上、まとめますと、自己愛には数と程度の問題が存在し、それらの度が過ぎると不適切な行動になってしまいます。例えば、必要以上の自己主張や攻撃、等身大以上のプライド、過大なカリスマ性やリーダーシップ、利己的な権利意識、際限のない美・権力・地位・富の追求などです。おそらくみなさんの周りにもそういった人たちがいるかもしれません。彼らは、本人は幸せに近づこうとしていても、周りからは歪んだ幸せを求めている人たちに映っているかもしれません。

所有欲の歪み

米国の心理学者ブルース・フッドは著書『人はなぜ物を欲しがるのか　私たちを支配する「所有」という概念』（小浜杳訳　白揚社）の中で、「所有」という概念が人を強く支配していると述べています。適度な所有欲は正常なものですが、度が過ぎると確実に幸福から遠ざかってしまいます。歪んだ幸せについて考える上で、この歪んだ所有欲についての考察は外せません。

我々の生活は多くの物に囲まれています。所有と聞いてすぐに思い浮かぶのが、お金や土地、家、そして時計や車などではないでしょうか。所有にはさまざまな範囲があります。歴史を遡ると奴隷制度という人の所有もありました。今では、仮想空間上の土地や建物であるメタバース不動産まであります。さすがに奴隷制度といった人の所有は問題ですが、不道徳なものでなければさまざまな所有の形があっていいと思います。子どもにとって所有の概念は発達課題であり、2歳になるとそれが誰のものか答えられるようになるといいます。そして多くの場合、イギリスの小児科医であったドナルド・ウィニコットが〝移行対象〟と呼んだ母親の替わりとなるような愛着対象物を持ちます。それは思春期や成人になってもなかなか手放せない、とブルース・フッドは述べています。

人にとって所有欲自体は通常のものですが、問題となるのは、必要以上に所有に執着したり、人が持っているものを妬んだり、逆に見せびらかしたり、奪ったりすることでしょう。刑法犯の中では男女、年齢を問わず窃盗が最も多く、成人では7割近くを占めます（令和5年版犯罪白書）。窃盗は人の財物を盗むことですが、まさに歪んだ所有欲の表れの一つだと言えるでしょう。その行為により、結果的に盗まれる側、盗む側のどちらも幸せから遠ざかることが予想できます。

かつて窃盗で少年院に入院してきた少年たちに、なぜ窃盗をしたかを聞いてみました。金銭関係の窃盗では、身勝手な理由ばかりです。

「パチンコとか遊びの金が欲しかった」
「バイトの収入が減った」
「物欲が強かった」

「お金を見たら欲しくなった」
「欲にはまった」
「（お金を盗もうという）友人の誘いに乗った」
「家出してお金がなかった」
「楽して物が欲しかった」
「簡単にお金が手に入るから」
「（お金がないのを）我慢するのが面倒くさい」
「ゲームほしさ」
「（盗むのを）周りもやっていた」
「人のことを考えていなかった」
「生活費がなくなった」
「先輩から恐喝されたから」

概してお金への歪んだ所有欲に翻弄されているのが分かります。窃盗して逮捕され、少年院送致となったわけですから、少なくとも幸せに繋がるような行為ではないでしょう。また自分のものを盗まれた被害者が、幸せに近づくはずもありません。なけなしのお金を盗まれた被害者は多いですが、逆にどんなに裕福であっても「盗む」という行為そのものが被害者に大きな心の傷を負わせることもあります。

以前勤務していた総合病院で、ある会社の社長が脳梗塞で入院してきました。会社を一代で築き上げ、従業員も８００名いて、かなり裕福な家庭を営んでいました。奥さんが献身的に病院に付き添っておられたのですが、どうしても家を空ける時間が増えます。また社長が入院したという話が社員にも直ぐに広まったため、社長宅は留守が多いということが周りにも知られたのでしょう、奥さんが付き添いで病院に泊まったときに自宅が空き巣に入られてしまったのです。被害額は裕福な家計からすれば大したことはなかったようでしたが、奥さんは相当なショックを受け、体調を崩してしばらく寝込んでしまいました。犯人の所有欲の歪みによって引き起こされた卑劣な犯行ですが、実際の損害以上に、その奥さんに生涯忘れることができない心の傷を負わせたのです。

見せびらかしから生じた悲劇

ところで、窃盗といった犯罪行為までいかずとも、

・必要以上に所有に執着すること
・人が持っているものを妬むこと
・自分の所有物を見せびらかすこと

も歪んだ所有欲であり、結果的に歪んだ幸せを求めていると言えるかもしれません。

日本でもことわざに「二兎を追う者は一兎をも得ず」「虻蜂取らず」といったものがあります。

必要以上に所有に執着する例として、投資での失敗やカジノでの散財などがあります。投資やカジノで少し儲かるともっと欲しくなり、自分の能力を超えた投資や賭けをして、逆に大損をしてしまうのです。某社の元会長が会社のお金を使ってカジノで100億円近く溶かし、実刑判決を受けたという話もありました。この方は国内で最難関の大学を卒業しているにもかかわらず、「所有欲の歪み」が判断を歪めてしまったのでしょう。

人が持っているものを妬むことで生じる不幸なできごとの例え話として、イソップ寓

話の「犬と肉」があります。肉をくわえたある犬が橋を渡ろうとしたときに、川の水面に肉をくわえた犬を見つけます。実はその犬は自分の姿を見ていたのです。しかし水面に映った犬の肉が欲しくなってしまい、吠えて脅したところ、くわえていた肉を川に落としてしまいました。他者の所有を羨むことは「嫉妬の歪み」にも共通しますが、より所有に特化している点が「所有欲の歪み」の特徴でもあります。

自分の所有を見せびらかす行為で、幸せから恐ろしく遠ざかりかねなかった事件として、２００６年にあった渋谷女子大生誘拐事件が思い出されます。美容外科クリニックを営む医師の裕福な生活がテレビで紹介され、それを見た犯人が大金を奪うため長女の誘拐に及んだのです。その医師は時給１００万円と言われ、テレビ取材とはいえ、多くの高級車や高級ブランド品などを見せびらかしていました。事件自体は警察が現場マンションに突入し、犯人との銃撃戦ののちに長女を無事に保護して解決したのですが、それは犯人が長女を射殺しようとした寸前のことだったといいます。見せびらかす行為がその医師と長女を恐怖のどん底に落とし込んだのです。

イギリスのトールキンによる長編小説をもとにした映画『ロード・オブ・ザ・リン

グ』はある意味、所有欲の究極の様子を描いたものとも言えそうです。様々な登場人物が、指輪に誘惑され執着し、あるものは奪い合い、殺し合い、命を落としていきます。これは愛しい指輪をめぐる一部の人たちの物語ですが、もし人類みんなが同じものに向かって所有権を主張すれば、生態学者のギャレット・ハーディンの論文「コモンズの悲劇」に書かれているようになるとブルース・フッドは警告しています。コモンズの悲劇とは、国家レベルでいうと、複数の主体による所有権の主張によって資源の奪い合いなどが生じ、結果として資源が枯渇してしまったりすることを言います。

ブルース・フッドは著書の最後に250以上の研究から結論を出した研究結果を以下のように引用して締めくくっています。

「人生において物質主義を追求すべきだと信じ、優先させる態度と、さまざまなタイプの個人の幸福度とのあいだには、一貫して明らかな負の相関がある」

つまり、歪んだ所有欲は歪んだ幸せを求めることに繋がるというのです。

最後に、怒りや嫉妬、自己愛、所有欲といった感情的・心情的な歪みを背景に、最終的に個人がくだす判断が「歪んだ幸せ」に繋がってしまう「判断の歪み」についてみていきたいと思います。ここでいう判断とは、得られた情報から状況を認識し、評価・決断する力としています。

判断について押さえておくポイントは二つです。

一つ目は、世の中のものごとは最終的には自分の頭でしか考えられないという点です。もちろん誰かから教えてもらった情報や、してはいけないことを決めた法律もあります。でも結局のところ、それをするかしないかを最終的に決断し行動するのは自分自身の判断しかないのです。どれだけ正しい情報を提供されても、それを歪んで受け取ってしまう。それが理にかなった内容であったとしても気持ちが邪魔してしまう。それは悪いことだと知っていても、バレなきゃ少しくらいはいいのではと思考し行動してしまう。こうしたことは、ままあります。つまり個人の判断次第で、いくら幸せを求めようとしても、歪んだ結果を求めてしまうこともあり得るのです。

少年院の中では再非行を防ぐために様々なプログラムが行われています。例えば、性犯罪再犯防止プログラムの中で、不同意わいせつ罪を犯した少年に対し、「社会に出て、もし目の前に魅力的な女性がいて、触りたい気持ちになったとき、どうするか?」といった問いがなされます。すると少年たちからは、

「その場から離れる」

「被害者の気持ちを考える」

「好きな趣味のことを考える」

「触ったらまた少年院に入らないといけないと考える」

「教官との約束を思い出す」

等、幾つかの模範的な回答が返ってきます。それを聞いて教官側としては今度こそ大丈夫かなと淡い期待を抱くわけですが、教官の前で答えた選択肢と同じものを、社会でも選ぶとは限りません。それらの選択肢以外にも、そのときは教官の前では言えなかった回答、つまり、

「その女性を触る」

という回答も少年の頭にないとは言えません。どんなに「こうすべきだ」「こうした方がいい」と大勢の教官が何度もアドバイスし、少年たちが「分かりました。もう二度とやりません」と答えたところで、いったん社会に出たら、どの選択肢を選ぶかを判断して最終決定するのはその少年自身なのです。成人の再犯率が長年上昇傾向にあったことを鑑みても、彼らがいかに危うい最終判断をするか想像がつきます。

また刑務所を出所した人たちを支援する団体や企業も多いですが、中にはなぜこれだけ周りが支援しているのに元受刑者が再犯するのか、職場から逃げ出すのかが分からず、対応に苦慮されているところもあります。結局のところ、周りが真摯に支え、様々な支援を提供したとしても、それをどう受け止め活かすかは本人の判断次第なのです。当然、判断する内容次第で本人も周囲も幸せでない方向に進むことが十分にあり得ます。

二つ目のポイントは、判断自体を歪ませる原因がいくつかあることです。これは認知バイアスと言われているものも含まれます。ただ認知バイアスという概念は多岐に及ぶため、ここでは主に他者との関係性の中における「判断の歪み」についてみていきます。

我々は通常は集団生活をしながら他者との交わりの中で生きています。しかし往々にして、自分がよかれと思ったことは相手にとってはそうでないことがあります。また、相手がこう言った（やった）のは、きっとこのような意味に違いないと間違った方向に理解して判断することもあります。そこに判断ミスが含まれ、歪み、度が過ぎれば第1章でご紹介したような、〝自分が自殺する前に祖母を死なせてあげよう〟といったとんでもない勘違いにも繋がってしまうのです。

ここでは怒りや嫉妬、自己愛、所有欲といった大きな背景以外に、直接的に判断自体を歪ませてしまう要因として、認知機能、情動、思考、行動、固定観念といったものを取りあげていきます。以下、不同意わいせつの事例等をもとに、認知機能のレベル、情動のレベル、思考のレベル、行動のレベル、固定観念のレベルの歪みという観点からみていきたいと思います。

認知機能のレベル

ここは情報の受け取り方が歪んでしまっているケースです。認知機能とは、五感を通して外部環境から得られた情報をもとに、情報を整理し、それを基に計画を立て実行し、さまざまな結果を作りだしていく過程で必要な能力であり、すべての行動の基盤です。日常生活の他者との関係において、様々な情報をもとに、例えば相手の気持ちなどを想像して、感じたり、言葉をかけたり、行動したりするわけです。ところが、もし五感から受け取った情報を間違って整理したり、情報の一部しか受け取らないなど、情報を受け取る際に何らかの歪みが生じてしまえば、相手の言動に腹をたてたり、嫉妬したり、勘違いをしたりと、トラブルにつながる可能性があります。

拙書『ケーキの切れない非行少年たち』（新潮新書）でも示したように、悪口を言っていないのにそう聞こえた、睨んでないのに睨まれた、と訴える少年には、たくさん出会いました。その女性と目が合ったので自分を誘っているように見えた、自分に微笑んでくれているように見えた、などの理由で不同意わいせつに及んだ少年たちもいました。

情動のレベル

主に強いストレスのもと、イライラしていたり、かっとなったりして感情的になると冷静な判断がしにくくなることがあります。人の情動は、大脳新皮質より下位部位の大脳辺縁系が関与しているとされ、五感を通して入った情報が認知の過程に入る際に「情動」というフィルターを通りますので、情動は判断過程にも様々な影響を及ぼします。人の意思をもった行動はほぼ情動的な動機づけがもとになっていると言えるでしょう。映画を見たいという気持ちがあるから映画館に行くという行動をとりますし、Aさんのことが好きだからAさんの前では頑張るという行動をとるのです。頭で分かっていても気持ちがついていかないという状態も、まさに情動に支配されているから生じるのです。情動をうまくコントロールできないと、不適切な行動にもつながる可能性があります。

不同意わいせつを行った少年たちに聞いてみますと、そういった行為をしたくなった理由に、イジメ被害などでイライラした気持ちをスッとさせたかった、といったものがありました。イジメ被害による怒りで正常な判断が困難になったのです。近年、頻繁に話題となる煽り運転でも、追い抜かされた、急に車線変更された、などでかっとなり、危険な行為を選択するという歪んだ判断に繋がってしまった例が多く見られます。怒り以外にも不安や恐怖も判断を歪ませるでしょう。失敗したらどうしようと不安や恐怖が高まって判断が鈍り、余計なことを言ったりやってしまったりすることは、みなさんもご経験があるかも知れません。

思考のレベル

判断の歪みには生育歴や生活環境なども絡んでくることがあります。たとえば親から否定的なメッセージばかりを受け続け、何につけても自信がもてなかったりする場合です。そういう子は、学校である問題が解けたことで先生が「よくできたね」と褒めても、ネガティブに受け取ってしまい、〝裏があるのでは？〟〝馬鹿にしているのでは？〟と考えてしまって、怒りを溜めていくかもしれません。ほとんどの子が〝褒めてくれた〟と喜ぶ中、そういった子どもがいきなりキレても、周囲は理解に苦しむことでしょう。

また、こっちがこう考えているから相手もそうだろうと勝手に思って、迷惑をかけてしまうこともあります。ある路線の特急列車に乗ったら、大きな音でラジオの野球中継を流している人がいました。某球団の優勝が懸かっているときでしたので、周りのみんなも試合の経過を聞きたいだろうと判断しているようでした。優勝が決まりそうな時期に、多くの人がその球団の試合経過に興味をもっているのは確かでしょう。その人は、自分だったら聞けたら嬉しいし、他のみんなもそうだろうと思って、よかれと判断して流していたのです。しかし、乗客の中には仕事帰りで疲れて車内で寝たい人もいますし、もともと野球があまり好きでない人もいます。野球中継を流していた人は、そういうところまでは思い至らないのです。

第1章でご紹介した、孫による祖母の殺人未遂事件も、思考レベルの判断の歪みが関係しています。

行動のレベル

あまり考えないで思い付きでやってしまうような行動があります。２０２３年初めに大手回転寿司店で起きた「寿司テロ」と呼ばれる迷惑行為がまさにこれに相当するでしょう。高校生が、レーン上の商品に唾液を付けようとしたり、醤油差しのつぎ口を舐めたりした行為を動画に撮って、ＳＮＳに投稿しました。事件の当事者はその寿司店に恨みがあったり、営業を妨害したりしようと考えていたわけではないようです。深く考えずに、単に目立ちたい、度胸試しをしたいといった軽はずみな理由からの行動にすぎません。こういった行動は「バイトテロ」などでも見られます。

もっと危険な事例ですが、かつて高速道路にかかる陸橋から、下の道路に向かって自転車を投げ込んだという事件がありました。自動車に直撃すれば死亡事故にも繋がりますので、警察は殺人未遂事件として捜査しました。後に未成年の少年たちが逮捕されましたが、私はこの自転車投げを実行した少年の一人に話を聞く機会がありました。彼は単に面白半分でやっただけで、こんな大きな事件になるとは思ってもみなかったようでした。

他にマナーの問題もあります。自分が気にせずやっている行動が、実は他人にとって、とんでもない迷惑になっていることがあります。電車での大音量のヘッドホン、階段を昇るときに後ろに向けられた傘、満員電車内での背中に背負ったリュック、人混みの中で長々と引きずられたキャリーケース……などです。本人には他人に迷惑をかけるつもりがなくても、あまり考えないといった「判断の歪み」のもとに行われた行為によって、他人を不幸にしたり、自らも不幸になってしまったりすることだってあるのです。

固定観念のレベル

思考のレベルに類しますが、判断の前提として最初から思い込みがあり、それに支配され判断してしまう場合もあります。ここではそれを固定観念と捉えて考えてみます。「広辞苑」によると固定観念とは、〝絶えず意識を支配し、それによって主として行動が決定されるような観念〟とされています。英語に置き換えれば〝fixed idea〟がぴったりかと思います。これを沢山もっていて、かつそれが歪んでいれば、やはり歪んだ幸せに繋がりそうです。

少年院のグループワークで、非行少年たちに次のような課題を出したときの話です。「あなたは新しいスマートフォンを買いました。嬉しくて街角に立ち止まって夢中で触っていました。そこに突然、後ろから誰かがあなたの背中にぶつかってきて、その拍子にスマートフォンがポーンと飛んで下に落ちて画面にヒビが入ってしまいました。しかし、そのぶつかってきた人は謝らずに去ろうとしました。あなたはどんな気持ちになりますか？　話し合ってみて下さい」

するとと多くの少年たちは、

「ムカつく」「文句を言う」「ちょっと待てよ、と言う」

など怒りを露わにします。怒りの程度を１００％なら殴りかかるレベルだとして、パーセントで表すように言いますと、

「90％」

と答える少年たちも少なくありません。これは少年でなくても我々でもそうかもしれません。そこで続けます。

「あなたがその相手に何かを言おうとして振り返りました。するとその人は白い杖をついていました。そのときにあなたの怒りは何％になりますか？」

ここでたいてい、

「あ、それなら40％です」

と合点がいったように答え、一瞬で少年たちの怒りのレベルが下がります。白い杖をついていることで、怒っても仕方ない、むしろ自分も悪かったと思考を修正したからです。

ではどうして最初に怒りが90％も出たのでしょうか。それは、その少年たちが、

「人にぶつかってスマホも壊れたんだから謝れよ！」

といった思い込み、つまり固定観念をもっているからだと言えます。迷惑をかけたら謝罪しろ、というわけです。これ自体はみなさんも同じ考えでしょうし問題はありません。問題は、もし相手が謝罪しなければ、相手の事情を知るよりも前に、馬鹿にされた、とんでもなく失礼な奴だ、などと強い怒りを感じてしまうことです。ある意味、善悪の規範といった固定観念にしがみついているのです。

これは一例ですが、こういった他者に対する固定観念を沢山もっていたら、日常生活もかなり大変になるかと思います。なぜなら相手は自分の思い通りにならないことの方が多いからです。子育てなどはその典型です。自分が栄養を考えて一生懸命作った食事なら喜んで食べてくれるはずだ、これだけ愛情をかけて育てたのだからきっといい子に育ってくれるはずだ、といった固定観念を親がもっていたら、子どもに好き嫌いがあって食べてくれない、勉強せず悪戯ばかりしている、親の言うことを聞かない、となれば、悲しみや怒りが生じるでしょう。

大人どうしでも、時間をとって話を聞いてあげた、高価なものをプレゼントしてあげた、わざわざ会いにきてあげたなど、相手に何かしてあげたのなら相手はそれにこたえるべきだ、といった固定観念もあります。それに相手がこたえてくれなければ怒りに変わる可能性もあるのです。

固定観念が生じる背景には、それまで育ってきた家庭環境、学校などの教育環境、国家のような文化的なもの、そして宗教・思想的なもの、マスコミなどの情報によるものなどがあります。もちろん好ましい固定観念もありますが、概して好ましくない意味で使われる方が多いはずです。人種、ジェンダー、高齢者、障害者など、例を挙げればきりがないですが、それらと表裏一体の固定観念もあります。

固定観念には自分自身に向くものもあります。自分に限界を作り、

「どうせ自分には無理」

と最初から諦めてしまう場合などです。固定観念に基づいて判断をすると間違うこともありますし、柔軟な思考ができず創造的な発想を妨げてしまうこともあります。そういった固定観念は幸せから遠ざかる方向に働くでしょう。

では、なぜ固定観念をなかなか崩せないかというと、いったん作り上げた考えを変えるにはエネルギーが必要で、固定観念にとらわれていた方が楽で安心だからです。幸せと固定観念が両立すればいいですが、そうでない場合、固定観念を変えず幸せだけを求めようとするとどうしても判断が歪んでしまい、歪んだ幸せを求めることになりかねません。

（注）世界保健機関（WHO）による国際疾病分類の第11回改訂版（ICD-11）への移行で、今後、DSM-5の「自己愛性パーソナリティ障害」の診断基準も改訂される可能性がありますが、本書では現行版を利用しています。

第3章　身近にある歪み

この章では、第2章で扱った5つの「歪みの背景」をもとに、みなさんの日常生活にあるような身近な事例について考えていきたいと思います。第1章で紹介した例は極端なこともあり、自分は歪んだ幸せを求めることとは無縁と思った方もおられるかも知れませんが、実はみなさんの身近でも似たようなことは、程度に差があるものの数多く起こっています。それらは他者とのちょっとしたやり取りや、自分の思い込みの中でみられます。直接的に歪んだ幸せを求めるわけではないにしても、怒りや嫉妬、自己愛、所有欲、判断の歪みによって、結果として自分も他者も幸せから遠ざけてしまう。ここではそんなケースをみていきます。

勘違いによる怒り

まずは身近な怒りの歪みの例をあるストーリーの中でみていきます。より身近に感じていただくために、あえて主人公を〝あなた〟にしています。

「あなたが仕事を終えて帰ろうとしたときに、雨が降っていたので、会社の入り口の傘立てに置いてあるはずの自分の傘を探しました。しかし、どうしても自分の傘が見当たりません。『傘がなくなっている。誰かが？』。そこであなたは誰かが勝手に盗ったのだろうと考え、〝怒り〟が生じてきました。そして盗ったかもしれない何人かの顔が浮かんできました。でもしばらくして、あなたは傘を自分のデスクの下に置いていたことを思い出しました」

自分の傘をデスクの下に置いていたのに、傘立てに置いたと勘違いしていたのです。このような自分の勘違いで一瞬〝怒り〟が生じることは時折あることだと思います。

しかし傘をデスクの下に置いたことを思い出すことがなければ、あなたはずっと誰かへの怒りに囚われていたかもしれません。そのときは誰かに盗られたと思っていたので怒りは正しい感情のはずですが、結局は間違った怒りだったのです。そのときの自分の主観が正しいかどうかを判断するのはなかなか困難ですが、みなさんが経験する身近な怒りの中にはこういった勘違いによるものもあり、それはまさに「怒りの歪み」に加えられるものでしょう。これはない方がいいネガティブなものですので、こういったことが多くあれば、やはり幸せから遠ざかっていくに違いありません。

怒りや嫉妬で判断が歪む

ところで、さきほどの話の中で、どうして盗ったかもしれない何人かの顔が浮かんだのでしょうか。続きです。

「盗られたと思ったときにまず思い浮かんだのが先に帰った一つ年下のAでした。仕事の実力も学歴もあなたより下なのですが、愛想がいいのでみんなから好かれ、仕事もなぜか評価されています。そのため、あなたはいつもAに嫉妬していました。Aはそれに気が付いて、あなたにだけ意地悪をしてくるようにあなたは思っていたのです。だからまっさきにAが自分の傘を盗ったのだとあなたは強く疑ったのです。またAだけが認められ、自分が認められないことに対して会社に強い不満を持っています。あなたはAのことを思い出したことで、ますます嫉妬心が強まってしまいました。そして自分はもっと出世すべきだ、上司は見る目がない、といった怒りもいっそうこみ上げてきたのです。そう感じると、あなたは、自分のデスクまで傘を取りに戻るのも面倒なので、他の人の傘を黙って使うくらいは問題ないと思いました」

自分の勘違いや思い込みで身近な相手に「怒りの歪み」や「嫉妬の歪み」をもち、不快になり、「自己愛の歪み」も強まり、そして「判断の歪み」につながると結果的に不適切な行動をしてしまうこともあります。ここでは他人の傘を盗るという「所有欲の歪み」にもつながりかけたのです。怒りや嫉妬心が生じる背景には、自分だけがもつ何らかのストーリーがあります。怒りや嫉妬の対象となるのは誰か、どんな状況か、によって、怒りや嫉妬が生じたり消えたり、程度が変わってきたりします。ですので、自分のもつストーリーをいかに見直して、怒りや嫉妬をコントロールできるかがポイントとなります。その方法は第4章でご説明します。

年配大学教授の恥ずかしい振る舞い

もちろん怒りは勘違いでなくても生じます。馬鹿にされたと過敏に感じてしまうことで生じる怒りもあります。それは次のような例です。

コロナ禍の頃、大学入試の採点をしていたときのことです。昼の休憩時間になり、学内の食堂でみんなが昼食を摂っていましたが、まだコロナ禍が落ち着いていなかったこともあり、食堂には、パーテーションで区切られた場所で食べるように、との貼り紙がありました。ほとんどの人たちはそれに従っていましたが、ある年配の男性教授が、テーブルで数人の仲間と話しながら食べているのが目に入りました。それを見た食堂の女性スタッフが注意すると、その教授は怒りだし、

「俺はここで食べる。俺の好きにする」

とその女性に向け大声をあげたのです。それに対し、その女性も顔を真っ赤にして、

「規則だから守ってください」

と返しました。

状況的にその教授に非があるのは間違いありません。マナー違反を注意されたと言えるでしょう。しかしその後、その教授も女性もお互いに引かず、二人は大声で罵り合いながら口論を続けていました。その女性スタッフは仕事だから注意しているだけなのに、いい年した教授がなんと恥ずかしいことを、と思ったのは私だけではなかったと思います。それはマナー違反を注意されたことで生じた動物的な「怒りの歪み」なのです。

自分が本当に馬鹿にされたのなら怒りは真っ当なものでしょう。そんな場であっても怒りをグッと抑えることができたら人としての格が上がることもあります。ただ実際に面と向かって馬鹿にされる体験など、ドラマの世界以外、みなさんも滅多にないことだと思います。しかし、ここで問題になっていて、みなさんの周囲でも頻繁に生じており、かつ厄介なのは、〝自分を馬鹿にすることで、自分の価値を下げようとしたと過剰に感じた〟がゆえに生じた怒りなのです。この男性教授の例では、女性は単に注意しただけで、教授を馬鹿にしたり価値を下げようとしたりしたわけではありません。教授側に、

〝自分は偉いのだ、どうしてお前なんかに注意されるのか、馬鹿にしているのか〟といった「怒りの歪み」があることが問題なのです。

〝俺（私）のことを馬鹿にしているのか？〟と思っていそうな人は、色んな場所で見かけます。大阪から三重県の伊勢市に向かう特急列車に乗っていたときのこと。車両は空いていて、私の他に旅行先に向かっているだろう年配の男性4人組も乗っていました。ただ初夏なのでクーラーが効いているはずだったのですが、少し蒸し暑い感じでした。ただ我慢できないほどではありませんので、車掌が通っても誰も文句は言いません。

30分くらい経った頃、車内が涼しくなってきて過ごしやすくなりました。しばらくして車掌が戻ってきて、「すみません。間違えて暖房を入れていました」と謝罪してきました。すでに涼しくなっていますので、特にクレームをつけるまでもなく私もただ頷いただけでした。ところがその男性グループの4人が一斉に怒り出し、車掌に対して「俺たちを馬鹿にしているのか」と怒鳴り始めたのです。それまで何も文句を言わずに、車内では陽気に過ごしていたのに、です。その人たちは逆に、普段からクレームをつけられるような立場だったのでしょうか。いずれにしても、予想しにくいほどに〝馬鹿にされた〟と感じ、過剰に反応する人たちがいるのです。

コンビニ店員の態度が悪かったと母子でクレームをつけ、母親が店員に暴力をふるったことに加担して女子少年院に入ってきた、高校生年齢の女子少年もいました。また細い通路をすれ違ったとき、そもそも道を譲ろうとしない若者に怒りを感じる年配の方もおられます。もともと劣等感が強かったり、高い地位にあり普段みんなからちやほやされ自尊心が肥大したりしている場合に、こういった過剰な怒りが生じるようです。

自分（たち）が馬鹿にされている、自分（たち）の思い通りにならないといった怒りには、自分だけ連絡がない、自分だけ対応が遅いといった個人的なものから、国家の威信が傷つけられたといった国際問題につながるようなスケールのものもありますので、単に、〝そんなことで怒っても〟と片付けられないものでもあります。〝馬鹿にされず尊重されたい〟というのは幸せを感じるために必要なことです。

しかし、馬鹿にされたと感じたときに生じるのは、多くの場合、動物的な怒りであり、それが時には相手に対する攻撃に転じることもあります。万が一、傷害事件につながるようなことになれば、双方が幸せから遠ざかることになります。自分の作ったご飯を食べない子どもに対して虐待を行った親から、「子どもに馬鹿にされたと感じたから」と聞いたこともあります。これも自身を否定されたと思ったことに起因する「怒りの歪み」と言えるでしょう。

身近な自己愛の歪み

傘の話の続きです。次はAへの嫉妬とともに生じている次のような気持ちをみてみましょう。

「Aだけが認められ、自分が認められないことで、会社に対しても強い不満を持っています。自分はもっと出世すべきだ、上司は見る目がないと、いっそう怒りがこみ上げてきたのです」

ここには「自己愛の歪み」があるかもしれません。第2章で紹介したDSM－5による自己愛性パーソナリティ障害の診断基準の1つ目にある、

「自分が重要であるという誇大な感覚（例：業績や才能を誇張する、十分な業績がないにもかかわらず優れていると認められることを期待する）」

に近いとも言えます。ただ、この程度の感覚は誰にでも生じるレベルの自己愛でもあります。他者に比べて自分はぞんざいに扱われていると感じて、自分はもっと価値がある人間だ、特別な人間なのだと思うことがあっても不思議ではありません。これは心理学でいう防衛機制の一つでもあり、心の中に留めておき不適切な行動をしない限り、問題はないでしょう。しかし、これもやや度が過ぎて、時に他人を巻き込んでしまう例も散見されます。

そんな自分に対する愛が少々強すぎて、他者に迷惑をかけてしまった事例を次にご紹介します。

自己中な人たち

「自分を大切に」というキャッチフレーズをよく見かけます。自信のもてない自分でも、もっと自信をもって自分を好きになろう、といったメッセージが背景にあります。しかしこの「自分を大切に」にも様々なレベルがあります。決して自分を最優先して好き勝手にふるまっていいというものではないでしょう。「自分を大切に」も度が過ぎると、自己愛性パーソナリティ障害の診断基準である「自分が重要であるという誇大な感覚」や「自分が〝特別〟であり、独特」「共感の欠如」あたりが見え隠れするケースもあります。以下にいくつかの例をあげます。

自分の時間だけを大切にする人

年齢を重ねていくと残された時間がだんだん短くなってきますので、自分の時間は自分の好きなように使いたいですし、大切にしたいと思うのは当たり前です。しかし、これもあくまで他者に迷惑をかけない範囲であることが前提です。

欧米人はプライベートの時間を大切にするので、繁忙期であっても定時になるとサッと家に帰るケースが多々あるというのはよく聞く話です。海外の会社と一緒に仕事をしている知人がこうぼやいていました。

「仕事で何かミスなどが見つかっても就業時間を過ぎると彼らはサッといなくなるので、

連絡がつかなくなる。結局は自分たちが残業して尻拭いをしないといけない」

つまり彼らが大切にするプライベートの時間は、この場合は日本人労働者の残業の上に成り立っているのです。要は「自分の時間だけを大切にする人」と一緒に仕事をすると大変な迷惑を被ることもあるわけです。

「人生は長い」と言われる方もおられますが、特に中年期を過ぎると一日があっという間に終わり、〝一年が経つのが急に早くなった〟〝人生は短い〟と感じる方も多いかと思います。なおさら自分の時間を大切にしたいところですが、それはあくまで他者を巻き込まない場合に限られると思います。時折我々も自分の時間を有効に使いたいがゆえに「……を説明したいので少しお時間を頂けませんか」ということを相手に言ってしまいがちですが、本当に相手の貴重な時間を使わせてもらう必要まであるのかも考えるべきと感じます。

時間をあまり気にしない人

時間を気にしない人は一見、細かいことを気にしない大らかな人のように思われるかもしれません。時間を気にしないのは、その個人で責任が取れる範囲であれば何の問題もありません。しかし他者との間で時間を気にしないと、とても迷惑な人物になります。

例えば、会議などで時間がすでに押しているにもかかわらず、永遠に話し続けるような人がいます。事前に司会者が「５分でお願いします」とアナウンスしているのに平気で15分以上話し続ける人もいます。そうなると会議時間も延長しますし、会議の後もみんなそれぞれ業務がありますから、それに割ける時間が短くなり、帰りも遅くなってしまいます。15分以上話した人はみんなに自分の考えを熱心に伝えたいと思ったのでしょうが、同時にみんなのかけがえのない時間を使っていることも知って欲しいところです。

時間を気にしない人は、人との約束の時間を守らないこともあり得ます。あくまで国民性を理解する上での例え話ですが、次のような小話が、ある英会話学校のホームページの記事にありました。

「待ち合わせをすると、約束時間の10分前に日本人が、５分前にドイツ人とスイス人、定刻にイギリス人が現れる。そこから５分遅れでフランス人、15分遅れでイタリア人、

30分以上経ってからようやくスペイン人がやってきて、最後まで来ないのはポルトガル人」（ＥＣＣホームページ　https://www.lets.ecc.jp/abroad_contents/10402　最終閲覧日２０２４年５月22日）

時間を気にしなくていいのは他者が絡まない場合に限ります。相手を待たせて迷惑をかける点に着目すれば、時間を気にしないのは〝共感の欠如〟にも相当しそうです。

この延長線にある例として〝期限を守らない人〟もいます。期限はこの世で生活する以上、避けて通れないものです。みなさんもかつて入試の際の願書やレポートの提出期限などを経験されているかと思います。もしそれらの締め切り期限を守らなければ一番困るのは本人でしょうから、そこは個人の責任のもとで判断すればいいと思います。しかし、他者と一緒に仕事をする際に、「自分は期限を気にしない」と言ってその約束の期限を守らないことがあれば、それは一緒に仕事をする相手に多大な迷惑をかけることになります。

共同執筆の書籍を企画していたある先生から聞いた話ですが、著者の一人が原稿の期限を守らなかったそうです。再度、期限を設定してもまた守らない、更に延長しても守らない、挙句の果てに「書けませんでした」と言ってきたのです。そうであれば最初から原稿執筆を辞退してくれていればどれだけ助かったことかと企画者が言っていました。そんな人から「自分はあまり時間を気にしないタイプです」と言い訳されたり、周りから「あの人はあまり時間を気にしない人だから」と慰められたりもして、結局は原稿に関わったみんなが不幸になってしまう。そんな人たちの特性に、自己愛性パーソナリティ障害の「自分が〝特別〟であり、独特」「共感の欠如」「特権意識」などに近いものがあるのを感じました。

これだけやってあげたのに……

信じていた相手から裏切られて、もう人が信用できないという人がいます。これは女子の非行少年に少なからずみられました。「あれだけ世話をしてあげたのに、あいつは恩知らずだ」と激しい怒りを抱き、その怒りが傷害事件につながることもありました。この背景には、相手に期待しすぎることもあるのでしょうが、これだけ自分がやってあげたのだから相手は期待に応えるべきだ、といった「特権意識」に近いものもあるかもしれません。

少女Oは後輩のある女子を妹のように可愛がっていました。しかし、その後輩女子がOの悪口をどこかで言ったらしいのです。悪口の内容までは分かりませんが、それを聞きつけたOの怒りは凄まじく、後輩女子を呼び出し仲間と一緒にリンチし怪我を負わせました。Oとしては、自分がずっと目をかけていた後輩に裏切られたといった感が強かったのでしょう。その後輩への傷害事件でOは少年院に入院してきました。でも話してみると穏やかな少女で、とても暴力をふるうような感じには見えなかったのを覚えています。しかし彼女は、自分がこれだけ尽くしてやったのだから相手がそれに応えるのは当然、応えなければ暴力をもって報復するといった「自己愛の歪み」をもっていたのでしょう。

これは育児における虐待にも類似するかもしれません。児童虐待で多いのは食事に絡んだことです。先にも言いましたが、自分が作ったご飯を食べない子どもに対して暴力をふるう親には、自分が愛情をこめて作ったのに子どもに否定された、許せないといった「自己愛の歪み」が潜んでいるのです。

身近な所有欲の歪み

ここで別の傘の話をします。自分の傘が誰かにもっていかれたことは、みなさんも経験されたことがあるかもしれません。逆にちょっと借りるだけと、他人の傘を勝手にもっていった方もおられるかもしれません。以下は傘を盗られた方の話です。

あるひどい雨の日の夕方、ある男性が仕事帰りにレンタルビデオ店に寄ったのですが、その間に大切にしていた傘を盗まれました。盗んだ相手は、そのときに車で店に来た客以外にはおらず、間違いようがありません。その犯人は近くに車を止めていて、ほんの数メートル移動するためだけに盗んだのは明らかだったといいます。

近くに傘も売っていなかったため、男性は20分間も雨の中を歩かねばならず、ずぶ濡れになりました。傘はその男性のお気に入りのブランドで、長年使っていたそうです。ちゃんと傘をもっていた自分がずぶ濡れになり、傘をもっていなかったやつが濡れずに帰っていると思うと、悔しくて悲しくて雨の中、涙が止まらなかったそうです。そして、そんな人間は死ねばいい、と本気で思ったそうです。盗んだ相手にすれば、たかが傘と思ったかもしれませんが、盗まれた相手がそこまで傷ついていることは想像できなかったでしょう。

私が小学生の頃、両親が年末に大手スーパーに行って、食料品の買い出しついでにキッチン用のオーブンも買おうとしたことがありました。私は兄弟と家で待っていたのですが、両親の帰りが意外と早く、しかも手ぶらでした。帰ってくるなり母は残念そうに言いました。

「財布をすられちゃったの」

年末のバーゲン会場で、人混みの中、バッグに入れていた財布をすられてしまったのです。オーブンどころか食料品も何も買えずに帰宅したのでした。すぐにお金を用意してまたオーブンを買いに行けるほどお金の余裕はなかったので、近くのいつものスーパーで食料品を買って年末年始を過ごしました。そのとき父は、

が偶然、誰かにとって大切な思い出の傘だったりすることもあるのです。

たとえば親の形見である大切な傘をあなたにもっていかれた人の姿を想像してみましょう。そうした場合、あなたは相手の想いに気づかないうちに、その相手に不快な思いや怒りを生じさせていることになります。これは傘に限りません。これくらいは問題ないだろうと思ってやっていて、知らない間に相手を傷つけていることは多々あります。

そういったことが生じる背景には、自分と他者の感覚のズレが存在します。自分のやったことは大したことはないと感じても、他者からするととんでもない酷いことだと感じることがあるのです。「相手の立場に立ってものを考えなさい」とはよく言われますが、様々な情報をもとに最終的に判断するのは自分の頭です。でも、そもそも自分の判断力を客観的に知るのはとても難しいことなのです。

「自分のことが分からないと人のことも分からない」

〝自分のことが分からないと人のことも分からない〟

このような言葉を耳にされた方もおられると思いますが、ここにも多少の誤解がありそうです。自分のことは人のことと同様に分からないものです。「人の振り見て我が振り直せ」ということわざがありますが、これは裏を返せば、人の振りを見ないと自分のことに気が付かないということです。

かつて職場に直ぐにかっとなる人がいて、その人を見てある人が「まるで自分を見ているようだった」と言ったことがありました。その人もよくかっとなっていたのです。特に怒りに満ちているときなど、自分のことを客観的に知るのはとても難しいことです。人は自分のことにあまり触れられたくない気持ちもあります。「あなたはこんな欠点がありますね」と言われると、不愉快になることもあるでしょう。でも他人の欠点なら世間話のように冷静に受け止めることができます。自分のことは棚に上げて、他人のことばかり批判する人が多いのもこのためです。

他にも、〝自分のこともできないのに人のことまでできない〟〝自分のことが嫌いなのに人のことを好きになれない〟といった、似たような表現もあります。一見正しそうですが、自分のことはさておいて他人のことをやってあげられる人はいくらでもいます。

自分の理解も難しい中で、相手の気持ちを想像し、正しい判断をするのはなかなかの難題です。ドイツの哲学者フッサールが用いた「間主観性（二人以上の人間の間で同意が成立していること）」という用語は、心理学の文脈でも使われていますが、自分と他者との心の通じ合いは子どもの発達課題としても重要です。しかし、自分と他人は別格なのです。

自己理解と他者理解のズレは学生たちにも多々みられます。大学の心理系の学科で典型的なのが〝自分は心を病んだから同じような人の気持ちがわかる。だから助けることができる〟といったもので、それを理由に心理系を志した学生もいます。しかし、気持ちが分かるのと相手を支援できるのとは異なります。同じような体験をした人の気持ちが分かるのは事実かもしれませんが、支援するには時に攻撃的になるクライエントに対して冷静に対応できる別の力も必要で、それがないとクライエントをいっそう不安定にしてしまう可能性もあるのです。

結局、他者と自分は異なります。そんな中、他者を理解する上で誤解や摩擦が生じると、さまざまなトラブルにつながり、ひいては相手を不幸にさせ、自分も幸せから遠ざかり、ますます歪んだ方法で幸せを追い求めていくことになるかもしれません。

次にそういった例について、ありがちな身近なケースをいくつかご紹介します。

よかれと思ってありがた迷惑に

相手のことを思い、よかれと思ってする行動で逆に相手に迷惑をかけてしまい兼ねない、いわゆる〝ありがた迷惑〟のケースです。

2024年1月1日に起きた能登半島地震の被災地には、複数の避難所が設けられました。その避難所には全国から多くの支援物資が送り届けられました。それ自体は素晴らしいことと思います。

一方で、気になるニュースもありました。ある現地の支援者の方によりますと、電気やガス、水道が十分に使えない中で、加熱調理が必要な食材や冷凍食品などを送られても、使えなかったり廃棄するしかなかったりするので、むしろ手間が増えて困ってしまう、とのことでした。賞味期限が何年も前に切れた食材や、使い古した下着なども送られてきたといいます。送られた方は受け取らない訳にはいかず、その分別や整理だけでも大変な労力が必要となってしまいます。

送った側に悪意があったとは思いませんし、被災者に少しでも役立てて欲しい、よかれと思っての行動だったのでしょう。それで本当に助かっている方々もおられる一方で、困っている方々もおられることを知るにつけ、ありがた迷惑とならない支援のあり方を再考すべきと感じました。

次は病院に入院され手術を受けられた方の話です。高齢の方なのですが普段からとてもお元気で、よく仲間の方と色々な所に行ってサークル活動などをされていたそうです。ところがその方に大腸癌が見つかったため、ある病院に入院し手術を受けることになりました。幸い初期の癌で手術は上手くいき、しばらくして退院されました。私はその方と退院後に話したのですが、入院中に一番しんどかったことは術後の痛みではなく、いつもの仲間が突然大勢で病院に見舞いに来たことだったと言っていました。入院中はとても不安ですし、体力的にしんどいことも多いです。気心知れた家族が寄り添ってくれるのなら心強いのですが、友人や知り合いは違います。せっかく来てくれたのだから愛想よく対応しないといけませんし、大勢で来られるとやつれた姿を見せるのも恥ずかしいので、とても気を遣います。それが一番しんどかったそうです。

お見舞いに行く側はむしろ、大勢で行けば元気が出て喜ぶだろうと、よかれと思ってみんなで行ったのかも知れません。しかし、それが逆に相手に迷惑をかけてしまったのです。もちろん見舞いに行こうと考えてくれた気持ち自体はきっと有難いのですが、相手の状況を読み違えると迷惑になりかねません。家族に見舞いに行ってもいい状態なのか事前に確認していれば、ありがた迷惑から感謝に変わっていたかも知れません。

「○○さんがこんなことを言っていましたよ」

「私はあなたの味方ですが、○○さんがこんなことを言っていたのでお耳に入れておこうと思って」と言って、誰かが自分に対して言っていた悪口を伝えてくる人がいます。気持ちは分からないでもないですが、悪口を伝えられて気を悪くするのは伝えられた本人ですし、悪口を言っていたという相手に対して怒りも湧いてくるでしょう。その相手とは今後の関係性がうまくいかなくなることも想像できます。

むしろ気をつけるべきは、そんなことをわざわざ伝えにきた人物です。本人はよかれと思って伝えにきたのかもしれませんが、結果的に、伝えた人やそれに関係する人たちみんなを不快にさせているのです。最悪、関係者どうしに不信感を持たせ、仲たがいさせてしまうこともあり、その行為はパーソナリティ障害にもみられる対人操作に近いかもしれません。

似たような表現に「あの人を批判するんじゃないですが」とか「あの人は悪い人ではないのですが」といった前置きもあります。その後に続く否定的なメッセージを伝える後ろめたさが、こうした表現を生むのでしょう。これらはまさに〝ありがた迷惑〟であり、そこには自分と他者との感覚のズレがあります。ありがた迷惑は身近なところに多く潜んでいます。前章でも紹介した、電車の中で野球中継を大きな音で流していた人も同じです。

ありがた迷惑の究極の例は、第1章でご紹介した自分が自殺する前に可哀想だからと祖母を殺害しようとした少年でしょう。少年が祖母のことを大切に思う気持ちは祖母にとっては有難いはずですが、それがゆえにためらいなく殺害しようとするのは、ありがた迷惑も度を超しており、相手も自分も幸せから遠ざけることにしかなりません。

「いい人をやめよう」

次はありがた迷惑まではいきませんが、相手のことをあまり考えずに使う言葉かけで、結果的に相手に対して無責任な言動になる場合を取り上げます。子どもへの言葉かけなど身近な例をご紹介します。

まずは、「いい人をやめよう」です。このキャッチコピーはよく見聞きしますが、ここでの〝いい人〟は、〝誰とでも仲良くしようとする〟〝人の頼みがなかなか断れない〟〝周りに気を遣いすぎる〟〝自分が我慢してしまう〟といった振る舞いが想定されています。そこで、キャッチコピーに続いて「嫌なことはしなくていい」「もう我慢は止めよう」と続いたりします。

これは典型的な無責任な言葉かけの一つだと感じています。もし誰かがこの言葉を額面通りに受け取って実行してしまうと、大変なことになります。学校や職場で〝仲良くしない人を作る〟〝人の頼みをすぐに断る〟〝周りに気を遣わない〟〝何ごとも我慢しない〟〝嫌なことはいっさいしない〟といった子や人がいたらどうでしょうか。身勝手な奴だと思われ、多くの敵を作り、おそらく周囲との人間関係が崩れ、本人はもっとしんどくなり、学校や職場には居づらくなってしまうでしょう。

ある程度我慢してでも〝いい人〟と思われている方が、実は幸せなことも多々あります。周りに気を遣ってくれる人は、殺伐とした職場では安心な存在です。みんなが嫌がることでも引き受けてくれる人は、みんなから感謝されます。自分を抑えて他者を立てる人は、尊敬されます。

みんなお互いを観察し合っています。そういった、ちょっとしたことの積み重ねがみんなの記憶に残り、いわゆる〝人望〟につながっていく気がします。私は大学勤務の前は法務省で勤務していましたが、かなり上の方まで出世していった人たちは結局のところみんな温厚であり、自分を抑えて我慢できる人たちでした。誰からも信頼されていて、どちらかというと〝人が良すぎる〟人たちでした。

逆に「あの人はいい人ではない」との烙印を押されてしまったら、通常はなかなかそこから抜け出すのは難しいでしょう。「いい人をやめよう」は、その言葉を真に受けた人物を不幸にもしてしまう無責任な言葉かけなのです。

「みんなと同じでなくていい」

近年、多様性（ダイバーシティ）という言葉をよく聞きます。概して、さまざまな特性や特徴をもった人々の存在を指しますが、その言葉が使われる際には、多様性を尊重することが前提にあると思われます。そのこと自体はなにも問題はないのですが、それを〝みんなと同じでなくていい〟といった解釈をされる方々もおられます。そこからさらに進んで、勉強が苦手な子や、その保護者に対して、「みんなと同じように勉強できなくてもいい」、さらに「勉強が苦手なのも個性」だとアドバイスする方もおられます。これも無責任な言葉かけに感じます。

できないことを受け入れるのは周囲の大人でなく子どもたち本人です。勉強が苦手な子に「みんなと同じでなくていい」と声をかけるとしたら、そして保護者にも「様子をみましょう」と説明するとしたら、いったいどのような根拠があるのかが気になるところです。

現在、私は某市で教育相談を行っていますが、母子で相談に来た境界知能（ＩＱがおおむね70〜84）の、ある小学校高学年の男の子は、とても勉強が苦手でした。相談の中でその子は私に「僕は馬鹿なのかもしれない。弟からも馬鹿だと言われて、どっちが兄か分からない」と言いました。彼によると３つ年下の弟の方が賢いそうです。そんな子に対して「様子をみましょう」という言葉をかけるだけだとしたら、場合によっては、その子のもつしんどさに寄り添うことを先延ばしにしているわけで、むしろ支援者側に問題があるかもしれません。

個人的には〝賢くなりたくない子はいない〟と思っています。そして、やってみる前から〝できないこと〟を多様性と見なしてしまうことには危機感を覚えます。

さまざまな手を尽くしても勉強がどうしてもできない子には〝させてはいけない努力〟もあるとは思います。しかし、もし分かりやすい勉強方法などをまだ十分に試していない段階で、「みんなと同じでなくていい」といった無責任な声を子どもにかけるとしたら、声をかけた人はその子の力を十分に引き出せないばかりか可能性を潰してしまっているかもしれません。その場合、何よりも被害者は子どもです。

「子どもには好きなように生きさせるべきだ」といった言葉かけもある意味、無責任と感じます。たいていの子どもにとって勉強は辛いもので、したくないものです。子どもは勉強をしなくてもいい口実を与えられると、しない方に傾く可能性があります。そこで、もし好きにしていいと言われてゲームやスマホばかりして易きに流れてしまった場合、いったい誰が責任を取れるのでしょうか。最低限、選択肢の幅を最初から大人が狭めないように寄り添い、本人の好きなように生きさせるのはそれからでも問題はないはずです。

「少し休んだら？」

忙しくしている人に対して「少し休んだら？」「もっと手を抜いたら？」という声かけもよく見聞きします。相手を気遣う言葉かけとは思うのですが、それを真に受けて、忙しいのに本当に休んでしまったら、もっとしんどくなるのは明白です。

私が医学部6年生の頃、医師国家試験に向けて寸暇を惜しんで勉強していたときの話です。合格率こそ9割近くあるのですが、6年生にもなると、あと少しで医師になれるので医学生はみんな死に物狂いで勉強し始めます。1割が落ちるとなると誰もが決して気が抜けません。覚える量が膨大で、大学受験の比ではありません。おそらく人生で最も過酷な試験だったと思います。

そんな状況下で同級生のある友人が、当時付き合っていた女性の両親から国家試験の半月前に旅行に誘われました。「勉強ばかりで大変だからたまには気分転換を」と言われたそうです。二人は親公認で付き合っていたので、その友人と彼女、そしてその両親の4名で1泊2日の旅行に行ったのです。彼は「こんな忙しいときに……。でももう予約したっていうから行かないといけない」とかなり苦しそうにぼやいていました。普通に考えても、例えば大学受験の共通テスト前や2次試験の半月前に旅行に誘う親などほぼいないでしょう。その彼女の両親には悪気はなく、よかれと思って誘ったのでしょうが、万が一それで彼が国家試験に落ちたらどうするのでしょうか。その後、彼は無事に国家試験には合格しましたが、両親に旅行を延期するように提案するなど彼への配慮ができなかった彼女に対しては愛想をつかしたのか、その後、別れてしまいました。

「人によって態度を変えるな」

「相手によって態度を変えてはいけない」と子どもに教える大人や教師がいます。相手の顔色を見ながら態度を変える子と聞くと、ずる賢い子のように感じられる人もいるでしょう。そこにはおそらく、分け隔てなく平等に人と接することは善であるという規範があります。

しかし、相手によって態度を変えられるのは処世術の一つです。大人であれば、上司など立場が上の人や偉い人には頭を下げますし、場合によっては嫌いな相手や苦手な相手にも笑顔で接することがあります。むしろ子どもが相手や状況によって、敬語を使ったりして態度を変えることができるとしたら、それは場の空気を読むことができる高い能力の証です。普段はさっぱりでも参観日で親が見に来てくれたら積極的に手を挙げる子は、場の空気を理解し、親にいいところを見せようと頑張れる子どもです。「誰かが見ているときだけ張り切って……」と批判する教師がいたら、それは子どものやる気をそぐ的外れな見解でしょう。むしろ大切な人のために頑張れたと褒めてあげるべきです。

「やられたらやり返せ」

第1章でも少し触れましたが、「やられたらやり返せ」という言葉は一時期テレビドラマで流行りました。悪い奴らを退治するという意味で用いられる限りにおいては一見、正義感の強さを表しているようにも感じます。しかし万が一、これを額面通りに子どもが受け取り、子どもがその通りにしてしまうと、とんでもないことになります。「誰かに叩かれたら、叩き返せ」など真剣に子に教える大人がいたらいったいどうなるでしょうか。無責任な言葉かけどころか危険な言葉かけです。身につけてほしい理想は〝やられても相手にしない〟です。

かつて殺人事件を起こした少年の保護者と面談したことがありましたが、父親は「昔から、やられたらやり返せと言ってきた」と話していました。そこで少年は自分を虐めてきた先輩をバットで殴り殺したのです。しかも父親は被害者に対して「あいつが悪いんや。被害弁償など絶対にしない」と逆ギレしていました。自分の息子が殺人犯なのに、です。

テレビ番組でも、嫌なことをされた人が仕返しをしてスッキリした、といった内容が放送されたりしています。仕返しをした直後はスッキリするかもしれませんが、相手の苦しむ姿や困った姿を想像すると後味は悪いものです。更に相手に恨みをかい、また相手が攻撃してくることも十分ありえます。ですから、仕返しなどせず自分が我慢しておけば済んだのに、と思うことも多々あるはずです。

昔から日本では〝仇討ち〟が時には英雄的行為のように描かれていますが、結局は相手への憎悪の混じった復讐です。その時は仇をとったと思うかもしれませんが、果たしてその後の人生でずっと気持ちが平穏でいられたのかどうか、疑問に思います。いくら仇でも、人を殺したという罪の意識にさいなまれることもあったのではないかと思います。むしろ、そうであってほしいとも願います。

「自分も頑張ってきたんだから君も頑張れるはずだ」

これは、拙書『どうしても頑張れない人たち』（新潮新書）でも書かせていただきましたが、頑張ってもどうしてもできない子どもたち、人たち、そもそも頑張ろうとしても頑張れない子どもたち、人たちがいます。

ところが、頑張って成功してきた人たちは「やればできる、できないのは怠けているからだ」と、できない相手に圧力をかけてしまうことがしばしばあります。決して悪気がある訳ではなく、子どもたちに何とかテストでいい点数を取ってほしい、といった愛情の裏返しでそうしてしまうのです。しかし、これは結果的に無責任な声かけで終わってしまうこともあります。

概して学校の先生方は、やって出来た人たちです。出来ないままだと教師にはなれなかったでしょう。ある意味成功者ですので、やっても出来ない子に対する理解はなかなか進みません。自分基準でそういった子たちを頑張らせようとすると、逆に潰してしまうこともあるのです。

他にも〝楽しみながら学ぼう〟といって、学ぶことの楽しさを体験させてそこからやる気を引き出そうといった試みもされたりしますが、そもそも頑張れない子にとっては、学ぶことは苦痛なことだと念頭に置いておいた方がいいでしょう。成功体験が少なく頑張り方が分からないケースもあります。また逆に、頑張っていい点数を取れる子が、みんな勉強を楽しんでいるわけではないことにも注意しましょう。

「一つのことを成し遂げろ」「失敗を恐れるな」

これも成功者の言葉であると思います。我々自身、思い返してみましても、失敗を恐れず何かを成し遂げた経験など、ほとんどの方がないのではないでしょうか。これを真に受けると大変なことになりそうです。実際は、失敗を恐れながら、複数のことに保険をかけて、物事を少しずつ成し遂げていくことが大半だと思います。

もちろん失敗を恐れず一つのことを成し遂げられる成功者もいますが、ほんの一握りの成功者の陰には多くの失敗者がいるはずです。一方、我々には成功者の言葉しか届かないので、そのまま自分にも当てはめてしまうと、現実を見ず夢ばかり追いかけてしまって取り返しのつかないことにもなります。自分にはどうするのが一番適しているのかを見極めておくことが大切だと思います。

身近な固定観念の歪み

ここからは固定観念の歪みの身近な例についてお話しします。私たちはみんな何らかの固定観念をもっています。前章でもお伝えしましたが、固定観念の内容によっては歪んだ幸せにつながるものもあります。ただその結果が自分だけで終わるものはまだ仕方ないとしても、他者に押し付けたり、周囲の人たちを歪んだ幸せに巻き込んでしまったりする場合もあります。「判断の歪み」にもつながってしまうそういった例を、いくつか挙げてみます。

金儲けする人は悪い?

概してお金を儲けていると聞くと、何やらずるいことや悪いことをしているというイメージが付きまといます。特に福祉関係の仕事でお金儲けをしていると聞くと、〝初心を忘れ金儲けに走った〟などとこき下ろされたりします。

こういった背景には福祉はお金でなくボランティア精神で臨むべきといった固定観念があるようです。これらは同業者に向けて言われることもあります。自分たちは低賃金でも頑張っているのに、あそこは障害者をだしにして金儲けしている、といった批判がなされたりします。

しかし、様々な仕事をしているみなさんが、もし無給でもその仕事をやるかと言われたら、大半の人たちはやらないでしょう。ほとんどの人たちはお金がもらえるから仕事をしているはずなのです。給与が上がることが嬉しくない人は少ないでしょう。

個人的にはお金は神聖なものと考えています。労働の対価でお金をもらうのは当然ですが、そのためには自分の人生の一定の時間を提供する必要があります。労働時間がなければ代わりに好きに使えたはずの自由な時間です。それらを犠牲にする代わりに労働の対価としてお金をもらっているわけです。ですので、お金は自分の命の時間そのものと思います。お祝いのとき、感謝の気持ちを表すとき、謝罪の必要があるとき、お金を包むことは失礼ではありません。ある意味、自分の命の時間を削って渡している訳ですから。

福祉は低賃金でも働くべきだといった固定観念は、人手不足を招きサービスの低下につながるリスクもありますので、単に固定観念の問題だけでは済まないと思われます。

真面目な人は頭が固い？

真面目という言葉も、状況によって解釈が難しく、歪みが生じやすいものと感じます。

結婚するなら真面目な人という表現がされるように、一見、褒め言葉のように思われる一方で、「真面目な奴」と言われれば頭が固く融通が利かないイメージを持たれることもあります。状況によっては褒められているのではなく、むしろ馬鹿にされている感すらあります。

これはコツコツと頑張ることを否定しかねない固定観念でもあります。勉強をコツコツ頑張って優秀な成績をとっている子に対して、ときに「勉強だけできてもね」といった心無い声かけがなされることもあります。きっとそういった人たちの中には〝勉強ばかりやっている人は自己中〟〝人を蹴落としていい成績を取っている〟といった固定観念があるのでしょう。

私も会社員をしていた20代の頃、ある飲み会の2次会で連れて行かれたスナックで、先輩から「彼は京都大学卒だよ」とママに紹介され、すかさずそのママから「なるほどね……そうやって人を蹴落としてきたんだね」と言われ、合点がいかなかったことを今でも鮮明に覚えています。1浪しましたが受験勉強だけをして過ごした高校から浪人時代は、むしろ自分との孤独な戦いでした。結果的に何とか志望校に入れただけであって、人を蹴落とすことなどとは無縁でした。

また同じく会社員時代、ある高卒の上司から飲み会の度に「大卒だというだけで出世するのは不公平だ」と言われ続けたことがあります。学歴で最初から差をつけられてしまうことを不公平に思ったのは分かります。ただ現在、「親ガチャ」などもあり大学に行けない高校生もいるとしても、昔のような身分制度もなく、家柄も問われず、基本、本人の努力次第でさまざまな職業に就ける可能性のある、現在の開かれた社会は、むしろ公平ではないかとそのとき感じました。

今、コツコツと頑張っている子はしばしば〝真面目な奴〟と周囲からからかわれたりすることもありますが、そのような子のやる気をそがない配慮が周囲の大人にも必要でしょう。

要領がいい人はずるい?

誰かを指して「あの人は何かにつけて要領のいい人だ」という言い方をされたら、その人は、いつも楽していて、いいところだけ取っていくずるい人のように思えるかも知れません。

しかし〝要領がいい〟ことの定義はどうなっているのかと言いますと、「大辞泉」では〝処理のしかたがうまい。手際がいい〟という優れている点を伝える意味と、〝手を抜いたり、人に取り入ったりするのがうまい〟という非難の込められた意味の両方があります。後者の意味では確かに〝ずるい人〟というニュアンスも読み取れます。

逆に後者の意味で「自分は要領が悪い人間だ」というと、「自分は手を抜くのが苦手だ。人に取り入ったりするのが苦手だ。お世辞を言うのも苦手だ」といった感じになりそうです。生真面目で誠実な人のようなイメージすらします。

しかし、果たしてそうなのでしょうか。確かにそういった人の中には「自分は人付き合いが苦手だ」という人もいます。それ自体は個性でもあり決して悪いことではないですが、この「人付き合いが苦手だ」というのもときに曲者です。

よくある例が、人付き合いが苦手というのが免罪符になってしまって、挨拶しない、お礼を言わない、謝罪をしない、相手に気配りしない、といった不快な行動を他者にとってしまうことです。そういう人とは仲良くしたいとあまり思わないのではないでしょうか。それでますます人が離れていき、その人は〝自分は人付き合いが苦手〟と思い込んで、〝お世辞を使って人に取り入ったり世渡りするのがうまい〟人を蔑んだりするのです。

私は、お世辞を使って人に取り入ったりできることは、その人の才能だと思います。お世辞を言われていい気持ちになるのは事実ですし、見え透いたお世辞や、利益を求めるがための付き合いはすぐに見破られます。相手に取り入るには、相手に関心をもってよく観察し、相手への気配りができねばなりませんし、その人自身にも人としての好感度や誠実さが求められるはずです。ですから、これができる人は逆に魅力のある人なのではないでしょうか。〝人に取り入ったりするのがうまい〟人は、決してずるいのではなく、誠実で魅力のある人とさえ感じます。〝要領がいい人はずるい〟というのは、そうできない人の固定観念であり、妬みなのかもしれません。

できる子は○○が違う?

勉強ができる子の特徴を挙げ、できる子の習慣などを列挙し、あたかもその真似をするとできるようになると信じてしまうことがあります。できない我が子に藁にもすがる思いで同じことをさせたり、塾に行かせたりして子どもに必死に勉強させてしまう親もいます。固定観念からは少しずれますが、こういった思い込みも空回りが続けば子どもが被害に遭うことだってあります。

たいていの場合、もともとできる子がたまたまそういった習慣をもっていた、というだけで、習慣だけ真似してもできるようにならない場合がほとんどでしょう。その代表的なものの一つに読書があります。年齢相応の内容の本の読書ができるようになるには、ある程度の能力が要ります。本を読んで内容を理解し、自分に落とし込めるようになるには、ある程度の精神年齢の発達が必要だからです。もともとできる子や精神年齢の高い子が、そういった本が読めて読書感想文も書けるのであって、文章を読むのが苦手、国語が苦手な子は読書自体が苦痛であり、読んでも内容が理解できないことは普通にあります。そういった子に読書を勧めたところで、できる子になるかは疑問です。

神戸市の私立灘高校は、国内の大学入試で最も難度が高いとされる東大理科Ⅲ類の2023年の合格者数がトップでした。この結果は、生徒たちが灘高校に入って猛勉強して賢くなったというより、もともと最初から賢い子たちが集まっていたからと理解した方が正しいと思います。

ここには、

〝勉強が好き、頑張った⇓いい成績が取れた〞

〝勉強嫌い、さぼった⇓いい成績が取れなかった〞

というロジックが通用しないケースもあります。

〝勉強は嫌いだった、サボっていた⇓でもいい成績が取れた〞の世界があったりもするのです。そういうもともとできる子の真似を無駄にさせて、むやみに子どもを苦しめることのないよう注意すべきです。

第4章　歪みの壁を乗り越えるために

本章では、これまでに紹介してきた身近なところにある5つの歪みの壁を、いかに乗り越えて少しでも幸せな日常生活が送れるかについて考えていきたいと思います。現代社会では他者との関係性の中で生きるしかありませんが、身近に歪んだ幸せを求めている他者がいるかもしれませんし、みなさん自身が歪んだ幸せを求めているかもしれません。そのような中で、他者の歪みに巻き込まれてしまったり、自分の歪みの壁を乗り越えられなかったりすると、歪んだ幸せにつながってしまい、幸せになれる状況から遠ざかってしまいます。そうならないため、そして歪んだ幸せから距離をとるため、次の二つを提示します。

・身近に歪んだ幸せを求めている他者がいる場合⇓相手のストーリーを知る
・自分が歪んだ幸せを求めている場合⇓自分のストーリーを見直す

ここでいうストーリーとは、他者との関係性の中で、どのような状況で、どのような相手のどのような行為に、どのように感じ、どのように判断して、どのように行動するかといった、それまでの生育環境、生活環境の中で培われ、あらかじめ準備された対人反応の筋書き（ストーリー）を指します。

第3章で紹介した傘の話の中では、自分の傘がないと思った瞬間に、Aが盗っていったというストーリーが出来上がり、怒りや嫉妬が生じました。出くわす状況に応じて、その後どう感じてどう判断し、どう行動していくかというストーリーが、それぞれの頭の中で作られるのです。人は他者と交流する中で、そういったストーリーに沿って、時には葛藤しながら、時にはストーリーを修正しながら、幸せを求めていくのです。

他者とのトラブルは、言わば自分のストーリーと相手のストーリーのぶつかり合いと言えるでしょう。どちらか片一方に歪みがあるというより、それぞれのストーリーの中の小さな歪みが複雑に絡み合い、さまざまな歪みが増大していくのです。

　ではどうするか。まずは相手のストーリーを知ることです。

相手のストーリーを知ると楽になる

　どうしてあの人はそんなことをするのだろう、もっと違った言い方をすればいいのに、そんな変なことをしなくてもいいのに、と不快な気持ちになることは誰にもあるでしょう。その場合、その相手の行動の背景、つまりストーリーを知ると気持ちが楽になることがあります。もしその理由が理解できて、納得できるものであれば、場合によっては相手に対して寛容になれることもあります。

　例えば自閉スペクトラム症という発達障害について知識があれば、そういった特性を自分の頭の中で類型化して準備しておくことができ、周囲にこだわりが強くなかなか融通が利かない人がいても〝ひょっとして彼は発達障害の傾向があるのかな？　彼のペースをもっと観察してみよう〟と理解して対応することができます。

　同様に実生活において、相手のことを理解するための知識をもっている人が、その相手のそばにいるかいないかで、相手の生活も大きく変わってきます。例えば、夫の性格が偏っていても、妻が、夫はそういった特性なのだと知って接していれば、何とか夫を寛容に受け止めスルーもでき、ドン引きしないで助けてあげることもできます。これは相手のストーリーを正しく知ることができる知識のおかげです。

相手のストーリーを知ると寛容になれるというのは、裁判の判決の場合にも当てはまります。刑期の長さは世間が感じる犯人への怒りそのものと言えます。事件を起こした理由に同情されるべき点があったと分かってもらえれば、被告の刑期は軽減されるでしょうし、逆に身勝手な理由なら刑期は伸びるはずです。

世の中のトラブルのほとんどは、お互いのストーリーを知らないことが原因だと考えられます。相手のストーリーを正しく知ることができる知識をもった人が周囲にいてくれたら、他者とのトラブルは減らすことができるかも知れません。「あの人はああいう人なのだから、こう接したらいいよ」とアドバイスしてくれるような人です。

しかし、そういった有難い人はなかなか周りにいてくれません。ですので、他者とのトラブルを減らし歪んだ幸せから距離を取るには、自分自身で相手のストーリーを知ることができる知識を身につけるのが手っ取り早いでしょう。その意味もあって、これまでの章では、トラブルの背景を知るための知識として5つの歪みについて扱ってきました。

以下では、これまでに扱った5つの歪みを踏まえて、相手のストーリーを知るために必要な、すべての根底にある共通した3つのポイントを説明していきます。

みんな幸せになりたい

一つ目のポイントです。それは、冒頭の〝はじめに〟でも述べましたが、程度の差はあれ、全ての根底にあり共通しているのは「みんな幸せになりたい」ということです。〝自分は幸せにはなりたくない〟と本心から思っている人は稀でしょう。自分や自分にとって大切な人が幸せになるために邪魔な人物を排除する、他人の権利を妨害する、騙す、幸せになれないから怒る、自分より幸せな人がいるから嫉妬する。目の前の苦痛を除去するための手段や方法、感じ方や考え方は異なりますが、共通するのは「みんな幸せになりたい」です。

しかし、そう簡単には幸せにはなれません。そこで人々はさまざまな手段や方法を用いますが、時と場合によっては感じ方や判断が歪んでしまいます。すると手段や行動も歪んでしまって、自分だけでなく他者も巻き込んで、本来の幸せから遠ざかる方向に進んでしまいます。まさに「歪んだ幸せ」を求めてしまうことになります。

もしあなたの上司が自分にだけ意地悪なことをしてくるとしたら、その背景には、その上司があなたに意地悪をすることで幸せにつながる何かを感じたい、もしくは得たい、との思いがあります。「幸せになりたい」と思うことは正しい。でもその方法がよくありません。身勝手ですし、その上司が求めているのは歪んだ幸せです。

しかし、そういった方法しか選べない上司もある意味、哀れな存在です。その上司はこれまで、あなた以外の他の誰かにもきっと意地悪をしているはずだからです。そういったことをずっと続けていくと周囲もいつかは気づいて、その上司は嫌悪感をもたれるようになるでしょう。結局、損をするのはその上司自身です。

〝なぜあの人は自分に嫌がらせをしてくるのだろう〟と思ったら、〝その人も幸せになりたいのだ。でもその方法が歪んでいるのだ〟と理解することです。それで許せるまでにはいきませんが、相手への見方や接し方が少しは変わってくるはずです。

みんな自分を見てほしい

二つ目に共通しているのは、みんな〝自分を見てほしい〟ということです。どんなに相手のため、みんなのためと言いながらも、相手側がそれを認めて反応してくれなければ、相手に対して怒りをもってしまうケースは多々あります。

ある福祉施設関係者から聞いたのですが、そこには時々ボランティアをしたいといった問い合わせがあるそうです。多いのが退職後の年配の人たちで、自分には時間も経験もあるから何か役に立てれば、といった感じで連絡してくるそうです。その思い自体には頭が下がります。

しかし、中にはボランティアが終わった後、きまって施設の方針に口出しをしてくる人がいるそうです。ボランティアという手段を介して、自分の話を聞いてほしい、自分に向き合ってほしい、ということなのでしょうか。話をしっかり聞かないと、そういった人たちは次第に機嫌が悪くなって怒り出してしまったり、突然来なくなってしまったりするとのことでした。邪険に扱う訳にもいかず、だからといって話を聞いて説明したりしていると時間も取られるので、余計な仕事が増えてしまうとのことで、その施設ではボランティアの受け入れは慎重にしているそうです。

自分を見てほしいタイプは、自分にかまってほしいタイプと、相手に尽くすタイプの二つに大きく分けられます。

かまってほしいタイプは、ストレートにかまってほしいとは言いません。回りくどい言い方ややり方をして、自分の存在をアピールします。そのアピールの仕方が、時には邪魔をしてきたり、拗ねてみたりするなど、意地悪に感じられることもあるでしょう。子どもが好きな子にわざと意地悪するケースに似ています。その背景には〝もっと自分を見て！〟といったメッセージが隠されていることが多いのです。

仕事をしていると、自分だけ話を聞かされていない、連絡が遅かった、一番に扱ってくれなかったといった理由で、嫌味を言ってきたり、妨害らしきことをしてきたりする人にしばしば遭遇します。そこで本人と話す時間をとると機嫌が直って、急に協力的になってくれた、といった経験をされた方もいらっしゃるかも知れません。最初から大人として協力してくれていたらどれだけ助かるかと思いますが、男女、年齢問わず誰もが自分を見てほしいのだと考えれば、納得はできるでしょう。

相手に尽くすタイプは、一見かまってほしいようには見えませんが、尽くしたことに相手が応じてくれないと怒りを抱いたりすることがあります。尽くす代わりに自分を見てほしいのです。それが叶わないと、〝これだけ尽くしたのに。あいつは裏切った〟といったように、尽くしたとの思いが怒りに変わるのです。

いずれのケースも程度の差はあるものの相手に何らかの見返りを求めた行動といえるでしょう。しかしこれは誰にでもいえることであって、異常なことではありません。誰だって自分の存在を認めてほしいのです。この点も相手を理解する上で大切なポイントです。

みんな人の役に立ちたい

３つ目の共通点です。拙書『ケーキの切れない非行少年たち』でも紹介させていただきましたが、やる気のなかった非行少年たちが最もやる気を出したのは、自分が他の少年たちに教える体験をしたときでした。それまで勉強が苦手で教えられるばかりだった少年たちに、おそらく人生で初めて人前に立ち、答えが分からない他の少年たちに対して解答を教えるといった体験をさせてみました。すると、それまでやる気のなかった少年たちが、教える側になりたいと先を争って前に出てきたのです。

その姿を見たとき、私は気づきました。教わるより誰かに教える、世話をされるより誰かの世話をする、助けられるより誰かを助ける、といったように、人は誰かの役に立てることに大きな喜びや幸せを感じるのだと。これも他者のストーリーを理解する上で外せない共通点だと思います。

法務省管轄の少年鑑別所では大学生向けに職員の募集をしていますが、そのチラシに次のような見出しがありました。

〝人を支え、思いやる仕事〟

これを見たときに、何かしら熱いものを感じた学生は少なくないはずです。人はそういった仕事に魅かれるのだと改めて感じました。もちろんみんなというわけではありませんが、例えば逆に、

〝これはあまり人の役に立たない仕事です〟

と書いてあったら、学生がそこで働いてみたいと思うでしょうか。そんな仕事はほとんどないにしても、どんな人であっても〝みんな人の役に立ちたい〟といった気持ちが根底にあり、そこに幸せを感じるのだと私は思います。

育児にしても、これと同じです。子どもに愛情を与え、子どもの世話をすることで、子どもからますます愛情をもらい、幸せを感じることができるのです。

今は状況が変わりつつありますが、かつて日本人は困っている人がいたら自然と助けたくなる気持ちがあったはずです。裸の大将の愛称で知られる山下清が全国を放浪して、物乞いしても親切にご飯を恵んでくれる人たちがいて、貼り絵が作れた時代がありました。四国のお遍路さんのお接待もそうした気持ちの表れでしょう。

歴史的に偉大な人たちの周りには、たいていサポーターがいます。芸術家、研究者、スポーツ選手など、偉業を成し遂げる人たちの周囲には、役に立ちたいと思った人たちがやはりいるのです。精神不安定だった画家のゴッホは、弟のテオが経済的に支えてきました。支えてきた人が花開くと、自分が役に立てたことに対して至福の喜びを感じられるのかもしれません。

某市の発達支援センターで、ある親子の発達相談をしていたとき、その母親は勉強が苦手な我が子に対してこう言いました。

「勉強はできなくても、将来人の役に立てるような人間になってほしい」

親にとっても、自分の子が誰かの役に立てるようになることが幸せなのだと実感しました。

相手のストーリーの歪みを正すのは難しい

ところで、十分ではないにしても相手のストーリーを知ってみて、相手に何らかの歪みがあれば、歪みを正して変わってほしいといった気持ちが生じるかもしれません。そこで相手のストーリーを変えてみようと働きかけをしたりすることもあるでしょう。しかし、相手にもそれまでに形成されてきた価値観や性格特性、過ごしてきた生活のパターンなどがありますので、そう簡単には変わりません。

また、どこに幸せを感じるかは人によって異なります。自分がそこに幸せを感じるからといって、相手も同じかというと決してそんなことはない。ある人は仕事での成功が幸せと思っていても、他の人は仕事でなく家族との時間や趣味の時間に一番の幸せを感じているかもしれません。そういった場合、相手を変えようとして自分の幸せの価値観を押し付けると、お互いが不幸になってしまいます。

これは家族内でも起こり得ます。夫が仕事に生きがいを感じている一方で、妻は家庭生活を生きがいに感じている場合、そこでの対話は嚙み合わず、いろいろな齟齬が生じて幸せが歪んでくるでしょう。人生において求めていることが違うのですから。本来であれば、相手の幸せを認めていけるだけの余裕が欲しいのですが、なかなか難しいことです。

では、相手のストーリーの歪みを少しでも減らしてあげたいと思って、何か「親切」なことをしてあげるのはどうでしょうか？　これもうまくいくとは限りません。相手に何かしてあげたら、逆に相手は恩を仇で返してくるようなことも往々にして生じます。そういった場合、相手に期待する程度が大きければ大きいほど、怒りに変わる可能性が高くなります。

「あれだけしてあげたのに」

といった思いが怒りの歪みに変わるのです。たとえ命を助けてもらったレベルであっても、こちらが思っているほどには相手は恩義を感じていないものです。ですから、自己満足として相手に〝してあげただけ〟で終わる方が健全でしょう。

ところで、「親切」という行為も独りよがりになりがちです。自分が親切にしたつもりでも、相手にとっては迷惑だったという「ありがた迷惑」については第3章でもご紹介した通りです。また、親切をしようとする前に相手のニーズをしっかりキャッチし、相手が何を望んでいるかを知る必要があります。正しいことをしてあげたから相手は心を動かすのではなく、いかに自分を尊重してくれたかで相手は動くからです。

では相手のニーズを知るためにどうすればいいか。それにはまず、相手に関心を持たねばなりません。相手に関心がないのに相手のニーズは分かりません。例えば、何事もまず自分でやってみたいタイプか、必要以上に干渉されるのが嫌なタイプか、細かいことや面倒くさいことが嫌いなタイプか、ルール変更が苦手なタイプか、突然言われるとパニックになってしまうタイプか、などです。

分かっているような気になっていても、相手のストーリーについては知らないことばかりです。逆も真なりで、相手にとってはみなさんのストーリーもその対象です。自分のストーリーを相手に分かってもらえないと感じることは、皆さんにも多々あることかと思います。

このように相手の歪みを正そうとしたり、少しでもよくなってほしいと願って何か親切なことをしてあげたりすることは、大変な労力を要しますし、トラブルも生じるかもしれません。であれば、相手だけでなく自分のストーリーを見直すことも一つの方法でしょう。相手だけに歪みがある訳ではなく、自分にも何らかの歪みがあり、それらがお互いに影響し合っているからです。相手に何らかの歪みを見つけたら、止めさせるのではなく、相手のストーリーを理解して、そういった歪みに反応してしまう自分の歪みを見直していけばいいのです。それはみなさん自身が「歪んだ幸せ」を求めてしまっているときにも役に立ちます。

次は、自分のストーリーの中にある歪みを見直す方法について考えていきたいと思います。

自分のストーリーを変えてみる

相手のストーリーを知った後は自分のストーリーを見直してみることで、自分の中にある歪みを見つめてみましょう。

ここでは自分のストーリーを見直してよりよいものにするために、自らに生じる「怒りの歪み」「嫉妬の歪み」「自己愛の歪み」「所有欲の歪み」「判断の歪み」を減らす方法について考えていきます。

まず「怒りの歪み」です。

怒りの段階

怒りのコントロールについてはアンガーマネージメントなどすでに多くの方法が提唱されています。やはり人とのトラブルでは怒りに関するものがかなり多いでしょうし、それだけ怒りのコントロールが必要とされることが多いのでしょう。

ただ、何もないのにいきなり怒りだす人は、脳の何らかの疾患でもない限り、ほとん

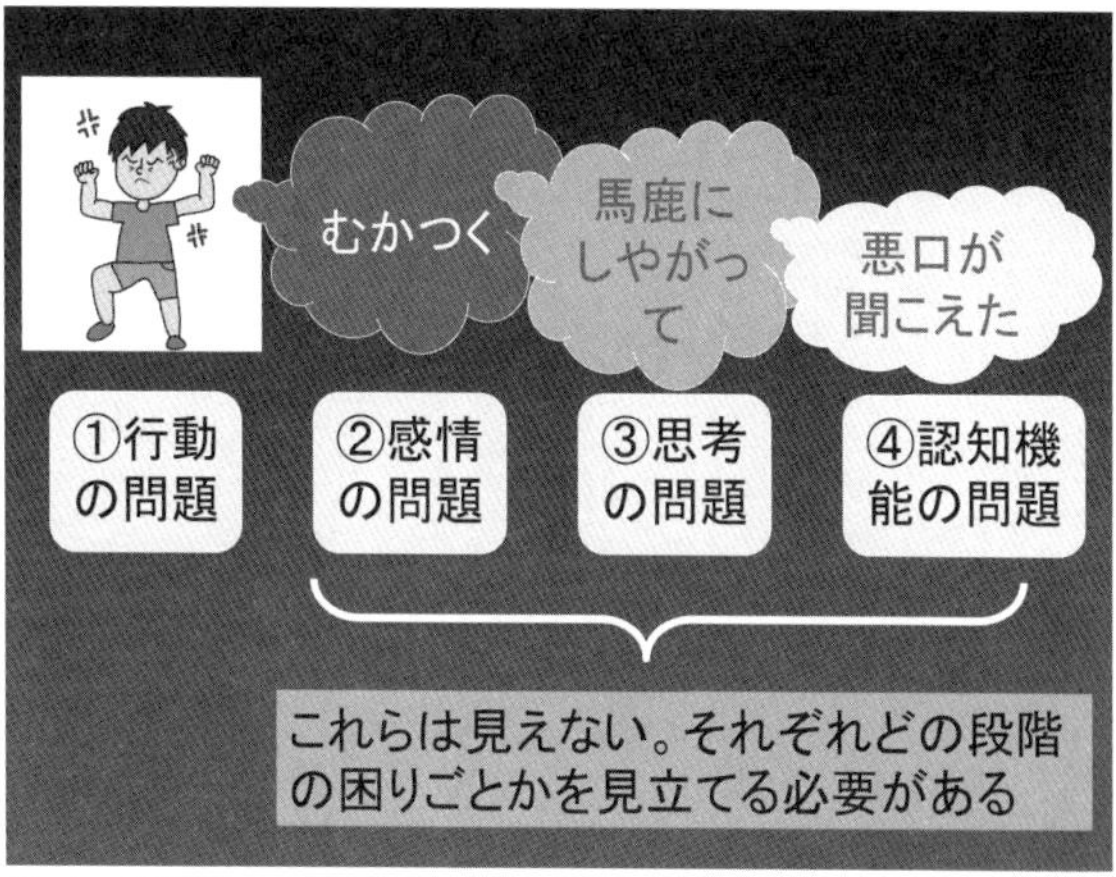
むかつく
馬鹿にしやがって
悪口が聞こえた
①行動の問題
②感情の問題
③思考の問題
④認知機能の問題
これらは見えない。それぞれどの段階の困りごとかを見立てる必要がある

図-1　行動化する流れ

どおられないでしょう。やはり何かのきっかけがあるはずなのです。そこで怒りの歪みを扱う前に、怒りの生じ方についてみていきたいと思います。以下、何かのきっかけがあって暴れてしまう子どもの例を使って、怒りを感じ行動化する流れについてご説明します。

図-1の一番左に暴れている子どもがいます。何があったにしても、暴れること自体は問題です（①行動の問題）。その子どもには、その前の段階（図では右）で「むかつく」「腹が立つ」といった怒りの感情が生じているはずです（②感情の問題）。ではその怒りの感情はどこから生じたのでしょうか。これは子どもだけでなく大人の場合でも一緒ですが、怒りのもとになるのは、例えば〝馬鹿にされた〟といったとらえ方によるものです（③思考の問題）。怒りの程度、またはそもそも腹を立てるか立てないかは、それぞれの子どもがもっているストーリーによって異なってきます。

ここにA君とB君がいるとします。二人がある同じ作業をやった際に、近くにいたCさんから、「二人とも、それは違うよ」と言われたとします。これをB君は「Cさん、親切に有難う」と答えるのに対し、A君は「うるさい、馬鹿にしやがって」と答えたとします。同じCさんからの「それは違うよ」といった声かけに対し、二人は違った受けとり方をしました。好意的に受けとるか、被害的に受けとるかは、それぞれの思考パターン（③思考の問題）によるのです。どちらが〝怒り〟につながるかは、容易に想像できると思います。

では「馬鹿にしやがって」といったA君の被害的なストーリーはどうやって生まれるのでしょうか？　多くの場合、それまでの対人関係のあり方（親からの虐待やイジメ被害を受けていたなど）に基づく要因や、A君の〝自信のなさ〟などが関係しています。自分に自信がないとどうしても〝また俺の失敗を指摘しやがって〟と攻撃的になったり、〝どうせ俺なんていつも駄目だし……〟と過剰に卑下したりして、他者の言葉を好意的に受け取れないのです。自信がもてない背景には、〝対人関係がうまくいかない〟〝勉強ができない〟〝じっと座っていられず注意ばかりされている〟〝忘れ物が多く叱られている〟〝スポーツができない〟〝運動が苦手〟などがあります。さらにそうなる原因として発達障害、知的障害、境界知能があることもあります。

また対人関係のあり方や自信のなさといった要因以外にも、見たり、聞いたり、想像したりする力が弱ければ、A君にはCさんの表情が〝馬鹿にしている〟ように見えたりすることも考えられます（④認知機能の問題）。私が勤めていた少年院には、相手が睨んでないのに「あいつが俺を睨みやがった」、相手が笑ってないのに「俺の顔見て笑いやがった」、相手は違うことを言っていたのに「俺の悪口を言いやがった」といった勘違いで暴力行為に至った非行少年たちがたくさんいました。

図－1は子どもの場合でしたが大人でもほぼ同様な流れになります（図－2）。よくある煽り運転を例にとってみましょう。行動の問題を「煽り運転」、思考の問題を「馬鹿にしやがって」、認知機能の問題を「割り込んできた」と置き換えれば、子どものケースとほぼ同じです。煽り運転のケースですと認知機能の問題もポイントになるかと思われます。果たして本当に〝割り込んできた〟のかということです。煽られる側は、いったい自分が何をしてそうなったのか分からないこともしばしばあるでしょう。たとえ結果的に割り込んだとしても、仕方なく進路変更しただけかもしれません。でも煽る側にとっては、わざと割り込んできたように見えてしまっている可能性もあります。つまり認知機能の問題からそう見えてしまう可能性があるのです。これはさきほどの非行少年の、睨んでないのに〝睨まれた〟と勘違いしてキレる状況にも似ています。こういった怒りも様々な歪みを伴ったものなのです。

感情、思考、認知機能に働きかける

以上、まとめますと、怒りのコントロールに関しては、例えば暴れている子どもや煽り運転をする人に対して、①行動の問題だけでなく、②感情の問題、③思考の問題、④認知機能の問題の4つすべてを対象に考えていく必要があります。つまり、①の行動として表れた怒りを抑えるには、②、③、④にアプローチすればいいことが分かります。

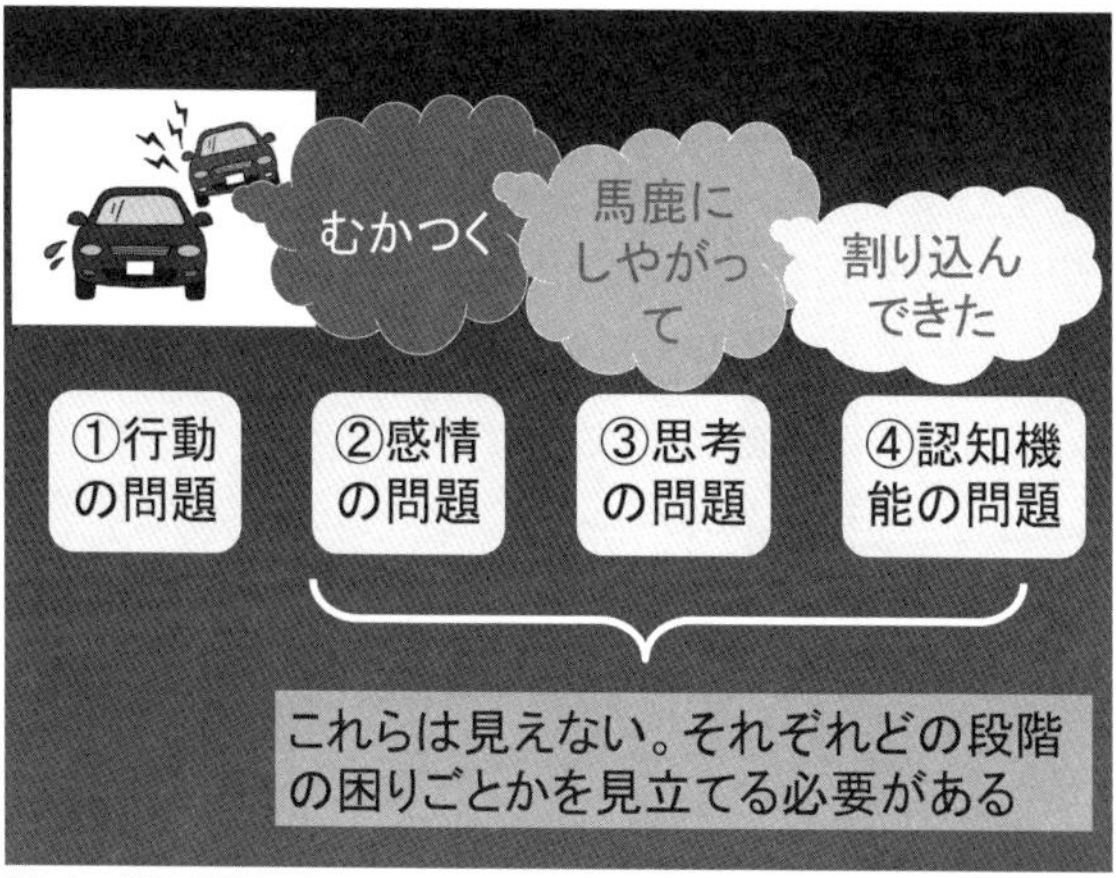
むかつく
馬鹿にしやがって
割り込んできた
①行動の問題
②感情の問題
③思考の問題
④認知機能の問題
これらは見えない。それぞれどの段階の困りごとかを見立てる必要がある

図-2　煽り運転のケース

②の感情の問題に対しては、その場で怒りを抑えるために〝深呼吸をする〟〝ゆっくり数を数える〟〝腕の輪ゴムをパッチンとする〟などいくつか方法が提唱されていますが、人によってはまったく効果がないものもありますので、自分に合ったものを冷静な時に考えておき、実際にいくつかを試してみるのがいいでしょう。

④の認知機能の問題があると、そもそも見たり聞いたり想像したりする力が弱いため、状況が読み取れず悪い方にとって受け取ってしまいがちです。そうすると、③の思考の問題（例えば、どうでもいいことを「馬鹿にされた！」と受け取ってしまう）につながってしまいます。

少年院にはこういった非行少年たちが大勢いました。

これは怒り以外にもみられます。成人矯正施設で〝受刑者の馬鹿笑い〟と言われているものがあります。職員のちょっとしたダジャレでも受刑者たちは大笑いするのです。

これは少年院でも同じで、社会の同じ年代の若者であれば白い目で見られるようなつまらないダジャレであっても、少年院の非行少年は大笑いすることが多々観察されました。

これは内容を理解したうえでのものではなく、言葉のイントネーションや雰囲気が面白く感じられてのことに過ぎないようです。認知機能が弱いとダジャレの意味が理解できないこともありますが、話している相手の雰囲気が笑いのツボにはまれば大笑いになるのです。同様に怒りのツボもあり、通常はこんなことで怒らないのでは、という場面で急にキレる少年は大勢いました。こういった子どもや大人は社会でも多くいるはずですので、その場合は認知機能を強化するトレーニング（例えばコグトレ）などがいいかもしれません。

人のふり見て我が身を直す

③思考の問題は、それまでに生まれ育った環境や、生活パターン、対人様式などが影響してきますので、怒りに傾きやすい自分のストーリーを事前に把握しておくといいでしょう。自分のストーリーが分かりにくい場合は、他者の怒りのストーリーを観察するだけでも役に立ちます。

ある職場で、ちょっとしたことで直ぐに怒っていた人がいました。色んな人に怒るのを見かけていたので、どうしてそんな些細なことで怒るのかと不思議に思っていました。ある時、彼は私にも些細なことで怒ってきました。私が他の人と話している最中に入り込んできて、私のちょっとした言動について、まくし立ててきたのです。私は意味が分からずあえて笑顔で「はいはい」と聞いていましたが、横に他にも人がいてバツが悪くなったのか、彼は話の途中で怒ったまま行ってしまいました。私はその場にいた人と何事もなかったかのように会話の続きをしていましたが、後になって彼の怒りのストーリーを理解した気がしました。どうやら自分が大切にしている専門分野のことに私が少し触れたのが気に障ったようです。私にそのつもりはありませんでしたが、自分のテリトリーが侵害され、馬鹿にされたような気がしたのでしょう。

ところが、しばらく経った別の日に、今度はある職員が他の職員に怒って声を荒らげてしまったことがありました。それをその彼が近くで見ていて、後で私にこう言いました。

「まるで自分を見ているようだった。自分もあんな感じなんだな、って」

彼自身も人の怒りのストーリーを見ることで自分のことに気がついたのです。それから彼が怒る回数は少し減りました。

みなさんも他者の姿を見てハッとすることがあるかと思います。もしその人物が自分と同じような行いをしていたら、そこに自分の姿を見つけて、自分に気づきの機会を与えてくれるからです。自分に直接指摘されても、プライドもあってなかなか素直に受け取れないですが、他者の中にある自分の姿であれば素直に直視できるのです。自分の姿に気が付けば、幸せになりたい気持ちと正しい倫理観や道徳観をもっている限り、人は正しい行動に修正できるはずです。

自分の思い通りにならないと許せない

怒りに繋がる他の思考の問題として、〝自分の思い通りにならないと許せない〟といったものもあります。これは「相手への要求が強い」「固定観念が多い」といったことが根底にあります。相手に〝こうして欲しい〟と願う要求の強さや、〝僕は正しい〟〝こうあるべきだ〟といった自己愛や固定観念の歪みが根底にある場合もあります。例えば道で人とすれ違ったときに、肩がぶつかったとして、こっちが謝ったのに相手が何も言わなければ、少しムカッとすることがあるかもしれません。それは〝こちらが謝ったら何か言うべきだ〟〝ぶつかったら謝るべきだ〟といった固定観念があるからなのです。当然、相手が自分の思い通りに動いてくれることは稀です。すると自分の固定観念に反した相手に対する〝怒り〟が生じ、上手く処理できないと突然キレて相手に殴りかかったり、煽り運転をしたりするかもしれません。

怒りの抑え方を含めた感情トレーニングでは、こういった固定観念をいかに崩していくかもポイントになります。

次はこういった固定観念を含めた「判断の歪み」の問題を少しでも減らしていく方法を紹介していきます。

トラブルとの遭遇

怒りのコントロールで何とか怒りを抑えることができたとしても、怒りのきっかけとなった根本的なトラブルが解決できないとずっと苦しい思いをすることになります。

ここで、ある子どもが「自分だけ仲間外れにされる」という例を考えてみましょう。きっと色んな感情が湧いてくると思います。悲しみ、怒り、悔しさなどです。それらの感情から不適切な行動（自傷、他害行為など）につながることもありますので、そういった感情を上手くコントロールすることが大切です。

しかし、いったん感情をコントロールできても、元々のトラブル（自分だけ仲間外れにされる）が解決しないと何度も悲しみ、怒り、悔しさが出てくるかもしれません。好ましいゴールは、自分が仲間外れにされないことでしょう。そうすればそもそも不快な感情は出てきませんし、不適切な行動にもつながりません。

ではこういったトラブルに遭遇したときにどうやってそれに対処するか。それには問題を解決する力（問題解決力）が求められます。問題解決の流れは後でご説明しますが、日常、我々も自然に何度も行っていることでもあります。「大切な約束があるときに人身事故で電車が止まってしまった。どうやって現地まで向かえばいいか」「部下が取引先の相手に失言して怒らせてしまった。どうやって関係を修復すればいいか」等、解決すべきトラブルに日々遭遇します。それに対して誰でも解決方法を考えるでしょうが、もし間違った方法を選んでしまえば不適切な結果につながってしまいます。「誰かから自分だけ仲間外れにされる」ことに対して、ムカついたのでその誰かを殴りに行くといった解決方法では、その先がもっと大変なことになります。

第1章で紹介した事例も、結末の行方は当事者本人の問題解決の力にかかっていました。幸せというゴールに向かって解決方法を選んだのに、その選択を間違ったために歪んだ幸せを求めることになってしまったのです。少年院の非行少年たちは特に、この問題解決の力の弱さが目立ちました。何らかのトラブルに巻き込まれ、ストレスが増え、その発散のために解決方法として窃盗や傷害、不同意わいせつ、放火などの犯罪を選んだ少年たちが多かったのです。

しかしストレスは誰にでも生じます。ストレス発散のために何故そんな方法を選んでしまうのか。以下に彼らの取ったストレスへの対処方法の例を挙げてみます。

・警察官に対人関係の悩みを聞いて欲しいがために強盗致傷して捕まった少年
・イジメに遭って自殺しようと思ったが一人で死ぬのが怖くて、家族を道連れにしようとした少年
・女性の性器を見たくて赤ちゃんを誘拐しようとした少年
・夜中にお腹が減ったから窃盗をした少年
・学校のクラスの話し合いで自分の意見が通らなかったので関係ない幼女に不同意わいせつをした少年
・免許を取っても事故をしないようにと、事前に練習したいがために原付バイクを窃盗した少年
・施設で年下の子が暴れていたので止めようとして、その子に不同意わいせつをした少年
・お金のことで困っていた母を楽にさせてあげたいと思って母を殺害しようとした少年

・わっぱ（手錠）をかけられるのがかっこいいからと、関係ない幼女に不同意わいせつをした少年
・イジメられたらやり返せと親から言われ、関係ない幼女に不同意わいせつをした少年
・高校を辞めたくて自宅に放火した少年
・ゲームを買うお金が欲しかったので通行人を刃物で刺して奪おうとした少年
・学校や家でイライラすることがあり自宅アパートに火をつけ全焼させた少年
・遊びやスポーツに飽きたから窃盗した少年
・相手が叩いてきたから叩けないように相手の腕を刃物で切った少年

これらはストレスへの対処として少年なりに判断して行った結果なのです。適切、不適切はさておき、様々な解決方法を考案しています。しかし、それを選択したらどうなるかまでは考えが及ばなかったようです。結果を予想してどれが適切な解決方法か選ぶのは、まさに判断力が問われるところです。もし判断が歪んでいれば、非行少年たちのように不適切な解決方法を選んでしまい、犯罪行為につながってしまうのです。それら

「判断の歪み」を改善する方法の一つとして問題解決トレーニングを次にご紹介します。

問題解決トレーニング

私たちは日常生活において様々な問題を解決する作業を数多く行っています。簡単な問題であれば瞬時に判断し行動に移すので、問題解決を行っていることにも気づかないかもしれません。一方、対人関係が絡んだ問題は正解がない場合も多く、解決に困難さを伴います。そこで重要になってくるのが状況に応じて様々な解決方法を考えるための〝融通を利かせる〟力です。これが弱いと日常生活においても問題の解決が上手くいかず、生き難さが生じてきます。みなさんの周りにこのような人・子たちがいないでしょうか。

拙書『ケーキの切れない非行少年たち』でも記しましたが、融通の利かない人の特徴としては、以下の3つが挙げられます。

・何も考えずに思いつきでやってしまう

一旦考えることをせずに直ぐに行動に移してしまう。

・思い込みが強い、気づきが少ない

やる前から絶対こうだと思って突き進む。様々なヒントがあっても注意を向けられない。

・一つのことに没頭すると周りが見えなくなる

一つの作業・課題に対して一部にしか注意を向けられず、他にも必要なことを見落としてしまう。

これらの背景には、より多くの選択肢がもてないこと、融通が利かず思考が硬いこと、などが考えられます。ところで何らかの問題が生じた際の解決へのアプローチとして以下の４つのものがあります（Shure, M. B., 2001）。例えば弟が兄の大切にしていた玩具を壊し兄弟喧嘩になった場面で、親が兄に言って喧嘩を止めさせるケースで考えてみます。

・強制的なアプローチ

「喧嘩は止めなさい、何回も言っているでしょう?」
・提案するアプローチ
「お兄ちゃんだから我慢しようか。また買ってあげるよ」
・理解させるアプローチ
「弟はまだ小さいから仕方ないよ。ワザとじゃないよ」
・問題解決型アプローチ
「どうやったら弟に大切な玩具を壊されないか一緒に考えよう」

問題解決トレーニングは最後のアプローチのように解決方法を考えていく手法です。社会で上手く生活するためには、基本的な対人スキルを身につけ感情コントロールができることはもちろんですが、それだけでは生きていけません。様々な問題に対処できる問題解決力が必要なのです。

ところがＩＱが高くても要領が悪い、基本的な対人スキルがあっても現実に遭遇する様々な問題に対処できない、など実生活で困っている人たちがいます。概して彼らは融通を利かせて問題を解決する力が弱いようです。そこでこのトレーニングが必要になってきます。大切なのは適切な解決方法を誰かに教えてもらうのではなく、自分一人で問題解決できる力をつけることです。

通常我々は、ある問題が生じた時、それに対するゴールを決め、対処すべき幾つかの解決方法（例えばＡ～Ｅ案まで）を考えます（次ページ①）。次にどの方法が最もうまくいくか結果を予想し（②）、その中からある解決方法を選択して実行します（③）。そしてその結果を評価して（④）、成功したなら終了するか、そのまま続けますし（⑤）、失敗すれば違う解決方法を選び直します（⑥）。フィードバックを含めたこの一連の流れが問題解決の手順です。ところが、もし思考が硬く柔軟でなければ、解決方法が大抵一つしか出てきません。一つしか出てこないと（例えばＡ案のみ）最適な選択肢かどうか分かりませんし、また過去に失敗していても何度も同じ間違いをしてしまうのです。それが先に挙げた非行少年たちの不適切な行動につながっていると思われます。

例えば、性非行を行った少年のケースですと「イジメられてストレスが溜まった」という問題があって、それに対するゴールが「ストレスを発散する」だとします。そこで

問題解決の手順

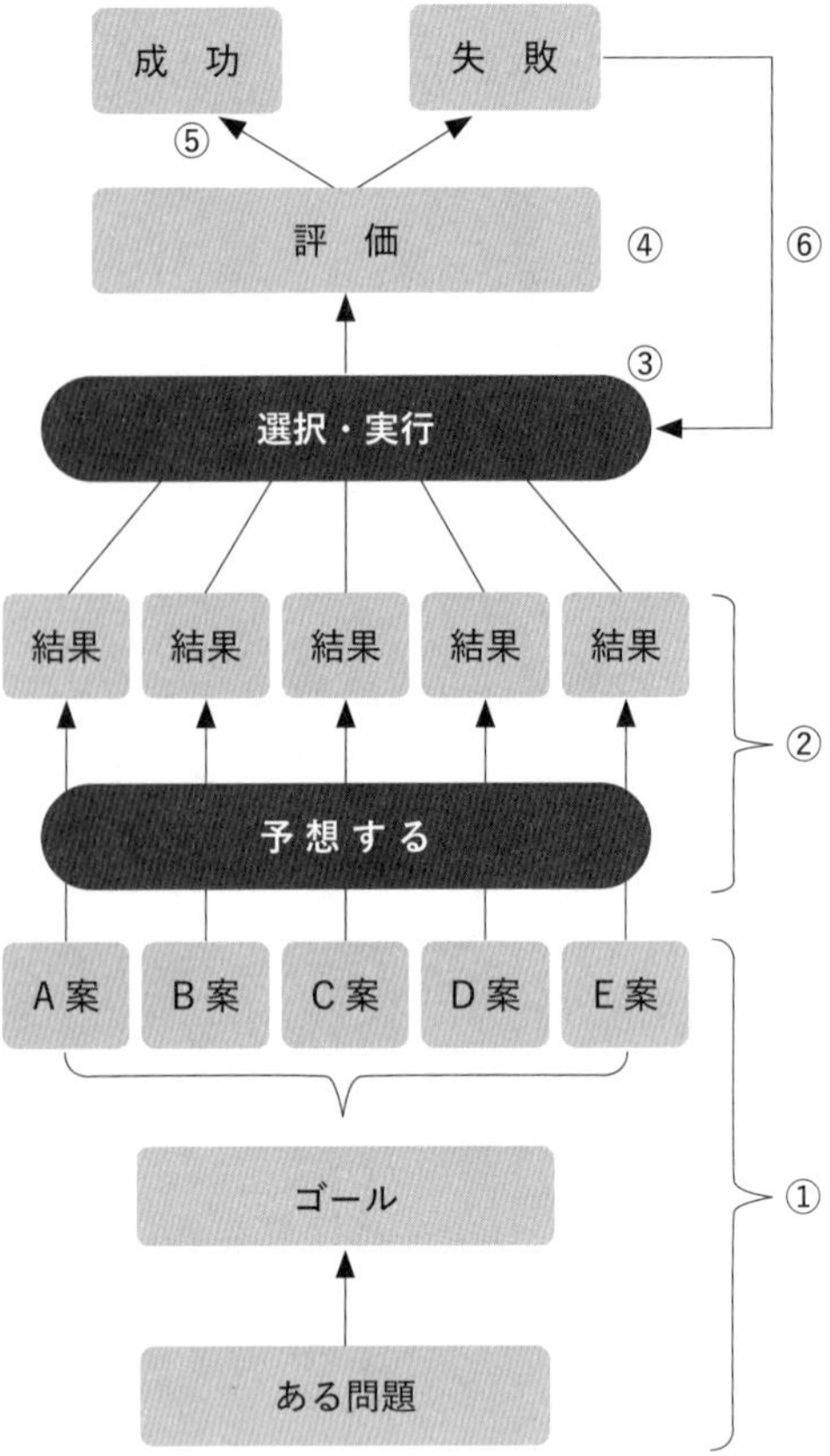

少年の頭にA案「幼児に不同意わいせつをする」が最初に浮かびます。ここでもし他にB～E案が出てこないと、A案を選ぶしかなくなり、実行してしまい、上手くストレスが発散できると「成功した」と評価するのです。すると次回からも「ストレスが溜まると不同意わいせつをする」といった犯罪行為を繰り返すことになるのです。

ゴールを設定し、解決方法を考える

この問題解決をスムーズに行えるようにするのが問題解決トレーニングです。具体的には、ある困った問題を設定し、問題解決の手順に沿って、何度も練習していくのです。以下に、各手順のポイントについて、先述した「誰かから自分だけ仲間外れにされる」ことを例にご説明します。

●ゴールの設定

まず問題を解決するにあたってゴールを決めないといけません。「誰かから自分だけ仲間外れにされる」に対しての好ましいゴールは「自分は仲間外れにされない」ですが、問題の条件によっては、ゴールが変わってくることもあります。問題に対するゴールを決め、解決方法を考える際に、まずゴールをメリット、デメリットの観点で考えていく必要があります。「仲間外れにされたくなければ、化粧品を万引きしてこい」と言われたらいかがでしょうか。ゴールとして、万引きするか、しないかを決める必要がありますよ。万引きすると決めたら、メリットは〝仲間に入れる〟ですが、デメリットは〝捕まるかもしれない〟です。一方で、万引きしないならデメリットは〝仲間に入れない〟ですが、メリットは〝捕まらない〟です。

ゴールは個人や状況によってさまざまですが、必ずしも適切なものにはならないかもしれません。不適切なゴール（万引きする）に対して、頑張ってその解決方法を考えることは必然的に不適切な行動につながります。つまり、どうやってバレないように盗むかを考えることになってしまいます。そこで、問題解決に当たっては、ゴールのメリット、デメリットを考えることで、より適切なゴールを選べるように、そして自分の定めたゴールは、他者に迷惑をかけていないかという視点を念頭に置いて練習します。ただ、メリット・デメリット以前に、そこまで冷静に考えられない場合もあります。そういったときは、誰かにそのゴールが果たして適切かどうか聞いてみるといいでしょう。

●解決方法の算出と評価

次にゴールに対して解決方法を考えていきます。現実的な解決方法は、方法が複数あるか（解決方法の数）、時間の経過が考慮されているか（時間経過）、直ぐにはうまくいかないことも考慮されているか（障害）、の3つが目安となります。

〝解決方法の数〟は、思考を柔軟にして、いかに多くの解決方法を出せるかがポイントです。最初から最適な解決方法を求めようとするのではなく、思いついた順から解決方法を紙にメモしてみましょう。複数人でブレインストーミングしてもいいでしょう。先程の例ですと、「仲間はずれにされない、しかも万引きもしない」ためにはどんな解決方法がでてくるでしょうか。例えば「先生に言う」「グループのリーダーに直接頼む」「無視する」「グループの誰かと仲良くなる」「お金を出して買ったものを万引きしたと嘘をついてリーダーに渡す」「我慢する」など色々と考えられると思います。

〝時間経過〟ですが、いくらいい方法でも短時間で解決できるとは限りません。少しずつ時間をかけて解決できることもあります。またいい解決方法を思い付いたとしても実行するタイミングも大切です。「グループの誰かと仲良くなる」という解決方法は時間もかかりそうです。

〝障害〟ですが、これはすんなりうまくいく解決方法ばかりでなく、色々と障害があるだろうことも予想しながら考えていくことがポイントです。偶然に解決した、というような解決方法は、たまたまうまくいっただけですので、今後は使えません。また、すっと簡単に解決する方法があるくらいなら、すでに困りごとなど解決しているはずなのです。したがって、どんな方法を使うか以外に、どのくらい時間がかかるか、解決までにどんな障害があるかなども合わせて考える必要があります。「グループのリーダーに直接頼む」という解決方法では、最初は取り合ってもらえずいっそう仲間外れがひどくなるかもしれません。しかし、熱心に頼んでいるとそのうちに理解してくれるようになった、といった経過も期待できるかもしれません。

解決方法を出す上での留意点ですが、不適切な解決方法が出てきても決してそれらを否定的に受け取らないことです。出てくる解決方法は人によって様々です。もし非現実的な方法や非道徳的な方法であったとしても、そこは一つの案として挙げ、果たしてそれでうまくいくのかを後で予想します。現実的な解決方法か、本当にそれでうまく解決するのか、ずるくない方法か、等が解決方法を選ぶ際の目安となります。不適切な解決方法でもあくまで一つの案です。それらを否定することは自由に発想することを妨げ、柔軟な思考が困難になり、解決方法自体が出なくなってしまう恐れがあります。それをすればどうなるかと、結果を予想してもらう過程も大切なのです。

結果を予想した後は、最適な方法を選択し、実行に移します。うまくいけばそれで終了しますし、また同じようなことが起これば同じ解決方法を選択すればいいでしょう。もしうまくいかなければ再度、解決方法の選択・実行に戻り、繰り返していきます。ただ、これらが自然にできるまでには時間がかかります。随時、他者から経験談を聞いたり助言をもらったりしながら、少しずつ選択肢を増やしていき、その結果を予想する練習を繰り返すことで、柔軟性や対応力を高めていけばいいでしょう。

問題解決トレーニングはビジネスの場でも多用されています。困った問題を色々と設定して、グループワークなどを通して実践してみれば、「判断の歪み」を減らせていけるはずです。
次は、「嫉妬の歪み」「所有欲の歪み」「自己愛の歪み」を減らす方法、そして歪みの原因となる様々な物ごとへの見方を変えていくことで、「歪んだ幸せ」を求めることから解放される方法を考えていきます。

他人と比較しない、比較されない

楽しそうな人たち、幸せそうな人たちを見ると、「どうしてあの人が」とか、「自分はそれに比べてなんて駄目なんだ」と言いたくなることがあります。また他者がいいものを持っていると、持てない自分を不幸せと感じることもあります。しかし絶対的な幸せというものがあるわけではありません。他者と比較することで、幸せを感じる度合いも相対的に変わってきます。かつて世界一幸せな国と言われたブータンは、インターネットを通して様々な情報が入ってきて、自国の生活と他国の生活を比較できるようになった結果、幸福度が下がったと言われています。他者と比較することで自分の幸せ度が変わるのです。

「隣の芝生は青い」という言葉があります。例えば他の職場が自分の職場に比べて羨ましいと思うことがあります。私は医師になる前に建設関係の会社に5年ほど勤めていました。その会社は役所相手の仕事が多かったのですが、役所の職員の仕事ぶりをみて、〝公務員は気楽で威張っていて、給与もそこそこよくて休みも取れて羨ましい〟と感じた先輩社員がいました。そこで彼は2年で会社を辞め、公務員試験を受けて市役所の職員になりました。しかし1年も経たずに辞めてしまい、やっぱり会社に戻りたいと元上司に泣きついてきたそうです。傍からは気楽そうに見える公務員も、中に入って実際に働いてみると全くそうでなかったと思い知ったのです。結局、彼は会社に戻ってきましたが、その後はもう覚悟を決めたように頑張り続けました。

　自分に近い人たちが自分にはできないような体験をしたり、自分には持てないような高価なものを持っていたりして、彼らと比較して平凡な日常生活から抜け出せない自分や、高価なものを持てない自分は幸せ度が低い、と感じてしまったら、その時点から他者への「嫉妬の歪み」や「怒りの歪み」「所有欲の歪み」が生じます。自分はもっと素晴らしい体験をしたい、もっと高価なものを持ちたいと無理をして、その過程で手段を誤ってしまうと結果的に「歪んだ幸せ」を求めることにつながります。もちろんそれが上手くいくことで感じる幸せもありますが、上には上がいます。周りと比較している限りキリがなく、問題解決には繋がりません。

真相は分かりませんが、タワーマンションには住む階によるヒエラルキーがあって、上層階に住む住民からマウントを取られたという下層階住民の話がインターネットの記事で紹介されたりしています。タワーマンションの階数ほど明白に立場が比較できるものはないでしょう。年収は言わないと分かりません。多少いい車に乗っていても、車自体はマンションほど高価ではないので、それだけで裕福かどうかまではっきりしません。一方、タワマンクラスになると、一生に一度の買い物であったり、ローン審査もあったりしますので、ある程度は裕福さが反映されると考えられます。

最初から「マウントを取りたいから」という理由だけでわざわざタワマンに住むことを選ぶ人はあまりいないでしょう。きっと利便性や他のメリットも考慮して総合的に判断したはずです。しかし自分の階と他者の階を比較し始めた途端、余計な苦しみを味わうことになります。本当は、自分が幸せを感じられる場所に行けばいいだけの話です。

「嫉妬の歪み」「所有欲の歪み」を減らすには、周りと比較しないことしかありません。

もっと気を付けるべきは、逆に誰かに比較されてしまうことです。自分がその誰かより優位に立っていることが知られてしまうと、嫉妬されるリスクがあるからです。「嫉妬の歪み」に至るほど他者から嫉妬されていいことはほとんどなく、時と場合によっては邪魔をされたり、足を引っ張られたり、最悪、命を奪われたりすることもあります。嫉妬されるリスクについては山内昌之氏の『嫉妬の世界史』などに詳しく書かれています。いずれにしても自他かかわらず、できる限り「嫉妬の歪み」から距離をおきたいものです。

自分よりも我慢できている人がいる

とはいっても他者と自分を比較することのメリットもあります。例えば自分よりも酷い境遇なのに自分よりも立派に生きてきた人たちの存在を知る場合です。

おそらく極限と言えるのは、精神科医のヴィクトール・E・フランクルが『夜と霧』（みすず書房）などの著書の中で綴ったナチス強制収容所のような、死と直結した状況に直面した人たちでしょう。被収容者は飢餓状態にあって、食料がほとんどない状況でしたが、その中でも被収容者たちは、僅かな食糧を奪い合うのではなく、一番弱っている人に多くを分け与えたりしました。ガス室に送られる子どもの代わりに自分が行くと申し出た人もいました。

これは、どんな状況下においても人としての尊厳を保ち、むしろ人間性を高めていけた人間の存在を意味するものです。そんな超人的な人と比べてもと思われるかもしれませんが、そういった人たちが存在するという事実が人としての可能性を示唆してくれるのです。きっとみなさんの身近なところにもおられるはずです。2024年1月に起こった羽田空港での航空機炎上事故のとき、炎にまかれた機体からの脱出を待つ中、ある高齢の夫婦は自分たちよりも若い乗客に脱出する順を譲ったといいます。

とはいえ実際はなかなか難しいですが、あの人は自分よりもっと苦労しているのに、自分はこんな些細なことでクヨクヨしたり、嫉妬したり、怒ったりして恥ずかしい、と思うだけでもいいのです。また自分の尊敬する人ならこんな辛いときはどう考え、行動するだろうか、と考えてみるのもいいでしょう。幸せは周りと比較するべきものではありませんが、不幸なことは時には周りと比較してみてもいいでしょう。

そういった人たちと自分を比較することは、自分が特別な存在だと思い込んでしまう「自己愛の歪み」を正し、「歪んだ幸せ」を求めることから関心を遠ざけてくれるかもしれません。決して自分が特別な存在ではないことがはっきりしてくるでしょう。偉人の境遇を知ることでより勇気づけられることもありますので、手本となるような人が周りにはいなければ、本や映画などを通して触れるのでもいいと思います。自分のストーリーの中の歪みを変えてくれるような書籍や映画は、みなさんの周りに数多くあることでしょう。

物ごとは見方によって変化する

物ごとの見方は一つではありません。例えばコップに水が半分入っているとします。それを半分しか入っていないとみるのか、半分も入っているとみるのかで気分も変わってきます。水をお金に置きかえてみますとさらに現実味が増してきます。誰かの仕事をお手伝いしたときにその人から謝礼の入った封筒をもらい、ワクワクしながら家に帰ってその封筒を開けてみると1万円札が1枚入っていたとします。1万円も入っていたと思うのと、1万円しか入っていなかったと思うのとでは、その誰かへの気持ちも変わってくるでしょう。その気持ちに影響するのは、

・お手伝いの内容……楽しいものか、退屈なものか
・その人との関係……大切な人か、そうでない人か
・お金への価値観や自分の能力の評価……自分にとって1万円は大金か、そうでないか

といったようなことが考えられます。

1万円は大金だと思っている人が、大切な人から楽しい仕事をもらえばとても感謝しますし、いつも手伝いで10万円もらっている人が、あまり好きでない人から退屈な仕事をさせられ1万円しかもらえなかったら怒りを感じるでしょう。もらうのは同じ額の1万円なのに不思議です。違うのは、仕事内容の受け取り方、相手との関係性、価値観だけで、それで気持ちが変化するのです。つまり考え方次第で気持ちが変わるのです。

別の例です。家でゲームばかりしている兄と、外でずっとサッカーをやっている弟がいるとします。二人を比べてみますと、おそらく親としては家でずっとゲームばかりし

ている兄を心配するかもしれません。

しかし現在、ｅスポーツが市民権を得て、各地でｅスポーツ選手権なるものも開催されるようになりました。もはやゲームもサッカーも同じスポーツなのです。将来、プロのゲーマーになるために練習しているという兄と、サッカー選手になるために練習している弟は、同じような目標に対して頑張っているという意味で差はありません。そして、もし家でずっとゲームをしていた兄が将来プロのゲーマーになって億単位のお金を稼ぐようになれば、兄の子ども時代に対する親の見方も変わってくるはずです。結果によって、そのときの行動の意味も一変するのです。

これをみなさんの日常生活にも影響する身近な対人関係に当てはめますと、相手に対する気持ちや感じ方は、考え方次第で大きく変わってきます。

例えば気分屋と呼ばれる人がいます。気分の浮き沈みが激しいタイプで、映画『男はつらいよ』の主人公の寅さんのようなイメージです。気分屋で気分の浮き沈みが激しいと聞くと、すぐにかっとなって怒り出すことも多いと思われるので、あまり付き合いたくない相手かもしれません。しかし、見方を変えてみると、この人はこちらの不注意で怒らせてしまっても直ぐに機嫌がよくなってくれる人、ということでもあります。

寅さんもすぐにかっとなって、印刷所を経営するタコ社長とよく取っ組み合いの喧嘩をします。挙句の果てに「俺は旅に出る」と、半年ぶりに帰った家を飛び出して再び放浪の旅に行こうとしますが、団子屋の店先でマドンナ役の美人に会うと、一瞬で機嫌が直ってしまいます。ある意味、分かりやすく付き合いやすい人です。気性の荒い寅さんを憎めないのは、怒っていてもいいことがあると直ぐにニコニコして機嫌がよくなる分かりやすい人だからで、そこに寅さんシリーズが万人に愛されてきた理由もあります。だから寅さん映画は、ギネス記録になるほど続いたわけです。

一方で気分の浮き沈みがあまりないタイプは、逆に少し物足りない退屈なイメージをもたれるかもしれません。しかしみんながイライラしているときでも穏やかに淡々としている人は、精神が安定していてどこか安心感もありますし、長く付き合っていくほど味が出て来そうです。どちらのタイプの方がいいのかは個人の好みがあるでしょうが、一概にどちらがいい、悪いとは言い切れません。

たいていの人は、明日は当たり前に来ると思って生活しているでしょう。でも、いつも喧嘩ばかりしている高齢の夫婦が、もし明日二人とも死ぬ運命だと分かったら、おそらく仲直りするでしょう。明日は当たり前に来ると思うから喧嘩をするのです。明日死ぬというのは極端かもしれませんが、実際、夫婦で一緒にいられる時間は意外と少ないかもしれません。特に高齢であれば、いつ相手が施設に入ったり病院に入院したりするかも分かりません。自然災害や事故に巻き込まれるかもしれません。ひょっとしたら一緒にいられる時間はもう数日もないかもしれません。明日は当たり前には来ないと見方を変えることができるなら、気分も一瞬で変わる可能性だってあるのです。これは誰であっても同じはずです。

合わない人とも付き合うことのメリット

こんな話を聞きました。ある女子大学生のAさんが実家から大学に通っていたのですが、実習が忙しくなるので大学近くのマンションに引っ越して一人暮らしを始めたそうです。それまで実家には両親やきょうだい、近所には地元の友人がいて、話し相手や大学以外の世界があって寂しくはなかったのですが、生まれて初めて一人暮らしを始めてからマンションと大学を往復するだけの生活になり、毎日がとても寂しくなったようです。

するとと大学の同級生で一番仲が良かった友人のBさんのことがとても気になり出しました。急に話し相手が減ったAさんにとって、Bさんの占める比率が大きくなったのです。それまで気にならなかったBさんの行動が色々と気になり始め、Bさんが他の友人と話していると嫉妬心を持つようになりました。

そしてAさんは、Bさんがもっと自分の方を向いてくれるようにBさんに尽くすようになりました。定期試験の資料を頼まれてもいないのにBさんにだけ準備してあげたり、誕生日に高価なものをプレゼントしたり。それだけでなく、楽しみな行事には二人だけで行くことを強要してきたり、お揃いのグッズを買ったり、他の子がBさんと話そうとすると間に入って邪魔をしてきたりするようになりました。そんなAさんとの関係を息苦しく思ったのか、Bさんは Aさん以外の友人も仲間に入れてご飯に誘ったりしたのですが、Aさんは次第に不安定になってきて、Bさんを呼び出すと、とうとうこう叫んだのです。

「私は、あなたのことをずっと考えているのに、どうしてわかってくれないの？」
そんな風に急に責められたBさんは驚き、Aさんのことが怖くなり他の友人にもAさんのことを相談すると、友人間で噂が広がり、Aさんは大学に居場所を失ってしまって、うつ病を患ったのか休学してしまいました。一人暮らしをするまで特に困ったことがなかったAさんでしたが、対人関係の世界が狭まることでBさんの挙動に過敏になり、嫉妬や怒り、判断の歪みが生じてしまったのです。

この話は、Aさんだけでなく我々の日常生活でも十分にあり得ることです。日々行動する世界が狭くなり、付き合う人間関係が狭まってくると、その関係性も煮詰まってきます。付き合う人間が少なくなるほど、その相手に対する比率が高まり、相手に過剰に注意を向けすぎるようになります。すると相手のちょっとした行動も気になり、変に嫉妬したり、期待に応えてくれないと些細なことでも怒りが生じたりと、いくつかの歪みが生じてくるのです。他者との付き合いが少なくなかった会社勤めを定年退職で終え、家にいることが増えると妻にまとわりついて文句や愚痴ばかり言ってしまう男性の心情も、同様に察することができます。

近年、煩わしい人間関係を整理してスッキリしようといった風潮もみられますが、では気の合う人たちとだけ付き合っていればいいのかというと、それはそれで別の問題が生じそうです。そうやって対人関係の世界を狭めてしまうと、自分の中での気の合う人たちとの関係の比率が高くなり、その分、お互いの粗《あら》が見えてきて煮詰まってしまう可能性が高くなるからです。

某社のある部署では、当初の構成メンバーが数名だったときは、お互いギスギスしていたのですが、他に新しいメンバーを入れて人数が増えてくると、元々のメンバーの関係が良好になってきたとのことでした。その逆もまた然りです。

狭まった人間関係は不要な嫉妬や怒り、自己愛の歪みを生んでしまいますので、少しでも世界を広げるという意味で、自分と合わない人を切り捨てるのでなく、包含する努力をするといったことも、自分のストーリーの中にある歪みを見直す上でのポイントになるかもしれません。敢えて嫌と思う人と積極的に付き合う必要まではありませんが、そういうしんどい経験は、愚痴を聞いてもらったりすることで今近くにいる大切な人たちとの関係をより深めてくれることでしょう。

マイナスもバランスを取るために生まれた現象

日頃の生活の中で何かよくないことが起こることはよくあります。そのたびに損をしたような感覚に囚われがちです。あのときこうしておけばよかったと後悔し、自分だけが貧乏くじを引いているような感覚すら覚えることもあるかも知れません。そして、運があるうちに少しでも手に入るものは手に入れようと、所有欲を増すこともあるかもしれません。しかし、ずっと当たりくじを引いて得をしている人などいるのでしょうか。

ここで、そもそもの大前提を考える必要があります。果たして人生はうまく生きることができれば、得をして楽しめるように出来ているのか、ということです。

精神科医のフランクルも著書『それでも人生にイエスと言う』（山田邦男、松田美佳訳　春秋社）の中で、〝ふつうの人は、日常生活で、快楽よりずっとたくさんの不快感を体験する〟ことを実証したというある実験心理学者の話を紹介し、「人間は楽しみのために生きているのではない」と述べています。つまり、人生はマイナスの方が多いようにできているというのです。ある意味、人生は損をすることの方が多いということです。

こう考えますと、よくないことや損をすることが起こるのは当たり前に思えてくるでしょう。いちいち落ち込んでいてはキリがありません。第2章の「所有欲の歪み」でご紹介したブルース・フッドも、これまでの歴史の中では〝人生は辛く残忍で短い〟のが正常な状態であったとし、〝幸福でいなければいけないということはない〟と書いています。フランクルも先述の著書の中で〝しあわせは、けっして目標ではないし、目標であってもならないし、さらに目標であることもできません。それは結果にすぎないのです〟と述べています。

本書のテーマにも関係しますが、人は多くの物を持ち、いつも幸せでいなければいけないのでしょうか。幸せでいなければいけないという考えも、立派な固定観念です。ただ、人生は幸せではなくそもそも辛いものと考えると、さらに歪んだ幸せを求めてしまうことにつながりかねませんので、ここでは〝マイナスの出来事も人生のバランスを取るために生まれた現象である〟と捉えたいと思います。

人生には多くの選択肢がありますが、その時最良の選択をしていければ人は幸せにつながっていけるのでしょうか。その可能性は高いかも知れませんが、所詮は未知です。

たとえそうだとしても、１００％当たる予言者が存在しないように、常に人生において最良の選択をするのは不可能でしょう。名の通った予言者の中で、新型コロナウイルスが世界的に流行することを事前に予言できた人物は誰もいなかったはずです。つまり一寸先のことは誰しも分からないのです。

ただ好ましくない選択をし続けると幸せから遠ざかっていくのは想像に難くありません。例えば犯罪行為を選択する場合が代表的なものです。でも通常、人は少しでも幸せになれるようにと色々と考えた末に人生における選択をしていきます。それが結果的にプラスになることもあれば、マイナスになることもあります。また表面的にマイナスにつながるように見えて、将来的にプラスになることもあり得ます。ひょっとしたら今あるマイナスがもっと大きなマイナスを防いでいる可能性だってあります。その時はマイナスに思えても、それが後でいい経験になっていたと実感した方も少なくないでしょう。

私自身も20代の頃、医学部再受験のためにそれまで勤めていた建設関係の会社を5年ほどで退職し、無職となって背水の陣で試験に臨みましたが、その年の試験で、ある公立大学の医学部に不合格となるというどん底状態を味わいました。翌年には何とか無事に国立大学医学部に合格できましたが、今になってふり返るとその公立大に落ちていて本当によかったと思います。もし1年目に合格していれば、居住地も生活パターンも今とは全く違った人生になっていたはずで、それを想像すると何か見えない力が働いている気さえします。

医師になってからも、大学病院で治療方針に異議を申し立てたことから一時期干され、新患をあてがわれず時間を持て余していたことがありました。そのときは仕方なく朝から一日中、図書館にこもって認知症検査の勉強に没頭しましたが、それが後々役立ちました。また、行きたいと思っていた勤務先でちょうど定員が埋まってしまい、残念な気持ちになったこともありましたが、それによって結果的に医療少年院での勤務を選択でき、今の活動につながっていきました。そうした来し方を考えると、そのときマイナスだと思った経験は実は後々のいい結果につながっているのではないか、人生のバランスを取ってくれているのではないかと感じるようになりました。

スケールが全く違いますが、一度は物理学者を目指したものの物理の問題が解けず夢を諦め、方向転換したアマゾンの創始者ジェフ・ベゾス、自分の作った会社を追い出されたものの復帰してアップルを巨大企業にしたスティーブ・ジョブズ、南アフリカの列車の車掌に人種差別の扱いを受けインド独立を意識しはじめたガンジーなどの人生を知ると、マイナスの経験がいかに人生のバランスを取ってくれているかを実感します。

一喜一憂しない

世の中は正しいことばかりが通るわけではありません。時には明らかに間違っていると思われることがまかり通り、理不尽に感じられることも往々にしてあります。

世の中では、正しいことや適切なことよりも、好きか嫌いか、利益があるかないかで動いていることも多いでしょう。また正しいと思って選んだ結果でも、その人にとって本当に良いことだったのかは時間を経てみないと分からないということも多々あります。誰かが上手くいった本当の方法は伝わらないですし、逆に悪い結果や悪いやり方も伝わらないでしょうから、世の中はいったい何が正しいかが分かりません。世の中で絶対ということは、実は少ないのではないかと思います。

チャップリンの代表作の一つである映画『殺人狂時代』の中で、チャップリン演じる殺人者ヴェルドゥが取材記者の質問に対して引用した英国の司教ベイルビー・ポルテウスの言葉、〝One murder makes a villain, Millions a hero.〟（一人の殺害は犯罪者になるが、100万人を殺害すれば英雄になる）という言葉はまさに、その時代背景や状況下において正義の解釈が変わってくることを言い表しています。また中国の思想家、老子も〝正言若反《せいげんじゃくはん》〟といい、〝真理は、逆説のように聞こえるものだ〟と説いています（『新釈 老子』守屋洋著、PHP文庫）。一見正しいと思えることでも、視点を変えて考えてみると、そうでないこともたくさんあります。

たとえある人が誰かに騙されたとしても、本人が死ぬまで気づかなければ、騙されたとは思わないでしょう。一生気づかない方が幸せかもしれません。そもそも絶対的に騙されるということはあり得るのかと思います。

悪い過去をいつまでも振り返ることも、あまり意味はありません。非行少年たちに〝人生山あり谷ありマップ〟というものを描いてもらってきました。縦軸の上にはいいこと、下には悪いことを記して貰います。横軸は時間です。原点は生まれたときで、横軸の右に行くほど時間が経過し、右端が現在を示します。そして原点から始めて現在まで人生の曲線を描いていき、山と谷の部分には何があったのかを言葉で記入させます。少年院入院時にこれまでの人生を振り返って描かせますと、たいていの少年たちは右端の現在は下に谷状になっていて、そこには〝少年院に入ったこと〟と書いてあります。つまりその時点ではこれまでの人生で一番悪かったことが少年院に入ったことなのです。

しかし、これを少年院の退院時に描かせてみますと、かつてあった〝少年院に入ったこと〟という谷がなくなっている少年がたくさんいます。逆に山になっている少年すらいるのです。そしてその山の箇所には〝少年院に入ってよかった〟とさえ書かれています。これは〝マイナスもバランスを取るために生まれた現象〟という捉え方と同じになりますが、少年院に入ったことが結果的にプラスに転ずることもあるということなのです。少年院に入った、入らずに済んだと一喜一憂するよりも、そういった事実を受け止めて、その後どう生きるかということがもっと大切であることを示しているとも言えます。

世の中では賢くなろうとか強くなろうとか、子どもにも賢くなれとか、そういったものを目指したり、求めたりすることが多いですが、誰にとっても限界があります。上には上がいます。それよりも、弱いままでも弱いものどうしで助け合って生きていくという考え方が主流になれば、生物の集合体としての人間社会にも、成熟の未来はあると思います。それは弱が強になる瞬間でもあるのです。

大事なのは目の前のこと

私がかつて医師になる前に働いていた会社の飲み会での話です。同じ席の上司が社内人事のことで細かいことを愚痴っていたことがありました。その頃、中国で天安門事件などが起こり、世界情勢も荒れていました。私はそういった愚痴が馬鹿らしく思え、酔った勢いでその上司にこう言ったことがあります。

「世界では大変なことが起きているのに、そんな小さなことを言ってどうするのですか」

するとその上司は、はっきりとこう言いました。

「そんなことはどうでもいい。自分にとっては目の前の会社のことが大切なのだ」

それを聞いてハッとしました。確かにその通りだと思いました。人は自分の身近なことが一番大切なのだ。毎日付き合っていかねばならない目の前の人間関係が一番大切なのだ、と。

生きていく上で、幸せを求めていく上で、目の前の人間関係が最も大切だと思います。いくら世界情勢が落ち着いたとしても、本人にとって職場の人間関係がうまくいっていない、家庭内がうまくいっていないとなれば、幸せから遠のいてしまい、歪んだ幸せを求める結果につながるかもしれません。多くの人たちにとって、日々の幸せや満足感はそれぞれの身近な生活環境から得るものであり、遠い世界の他国の情勢よりずっと大切なのです。身近にいる人たちとの関係性を最も大切にし、そのための持続可能な努力をしていくことこそが、幸せにつながる近道ではないかと感じます。

そして努力するのも今です。我々はどうしても先のことを考えすぎて、今日明日のことが見えなくなってしまいがちです。不安が先立ち、目の前の相手との時間よりも仕事が頭をよぎったり、今できることを先延ばしにしたりと、今に集中できない方も多いのではないでしょうか。

先のことよりも今のことだけを考えてみましょう。目の前の相手に、コミュニケーションを通して自分ができることを今すぐすること、それが結局は、「歪んだ幸せ」を求めることから距離をとり、未来の幸せにつながる確実な方法だと思います。

人類はコミュニケーションを通して進化してきました。本能的な怒りや嫉妬の本質は太古から変わっていませんが、それを抑える判断力は、人類が培ってきた教訓、哲学、知恵などを使って進化させることができるはずです。

おわりに

本書は、タイトルは異なるものの『ケーキの切れない非行少年たち』『どうしても頑張れない人たち　ケーキの切れない非行少年たち2』に続く、シリーズ第3弾の論考という位置づけの本になります。

本書のアイデアの源は『ケーキの切れない非行少年たち』の第6章「褒める教育だけでは問題は解決しない」です。そこでは、教育の世界でこれまで当然と思われてきたようなことが、実はそうではないのではないか、といった視点を提示しました。褒める、自尊感情を高める、ソーシャルスキルをつけさせる、何故やったかを説明させる、といったような子どもや少年たちへの対応や、ＩＱが70以上あれば知的に問題ないといった見立てなど、それまで当然視され、私も周りからよく聞かされてきたことが、医療少年院でみてきた少年たちの現実に当てはまらない場合が多かったのです。

そういった疑問が蓄積し、ならばそういったものばかりを集めた書籍を書いてみよう、と思ったのが本書のきっかけでした。それから数年かけてネタを集めていたところ、100個近くになったので、とりあえずは十分だと考え、それらを内容ごとにまとめていく作業に移りました。そうしているうちに共通して見えてきたのが「自分の勘違い」や「思い込み」「他者とのすれ違い」といった内容でした。そうなのだ、と合点がいき、当初、本のタイトルは『すれ違い』がいいのではと考えていたくらいでした。

しかし、そういった勘違いや思い込み、すれ違いは何故起こるのだろうと考えていくうちに、本書のメインテーマである「みんな幸せになりたい」といったことが実感を伴いながらジワジワと浮かび上がってきたのです。その視点で100個を再度分類してみますと、幸せになりたい気持ちに立ちはだかる5つの歪み（『怒りの歪み』『嫉妬の歪み』『自己愛の歪み』『所有欲の歪み』『判断の歪み』）に辿りつきました。

『ケーキの切れない非行少年たち』では困っている子どもたち・人たちの背景を描き、『どうしても頑張れない人たち』ではそうした人たちをどう支援すればいいかについて記しました。その流れから言えば、本書は、〝そもそも歪んだ方向に進まないためにどうすればいいのか〟〝仮に歪んでしまった時にどう立て直せばいいのか〟を扱った本と言えます。

でも決して難しい内容について語っている訳ではありません。皆さまが日常生活の中でしんどく感じていることに対して、その背景に何があるのかを知り、視点を変えてみることで少しでも楽になれないかを日常生活の視線で解説したまでです。また、本書のカバーにも使ったイラスト(次頁)を描いた少年のように、さまざまな歪みを抱えていても、その歪みを正していくことは可能であることも、あわせてお伝えしたいと思います。

本書を通して、皆さまと皆さまにとって大切な方々が幸せになるために少しでもお役に立てれば嬉しく思います。

本書の執筆過程で、次のテーマも見えてきました。次作でまた皆さまとお会いできる機会があることを願っております。最後になりましたが、今回も当方の趣旨に賛同して頂きました新潮社様と、新潮新書編集部の横手大輔様には心より感謝申し上げます。

2024年6月

宮口幸治

非行少年が描いた自画像（著者が再現）。
歪みを正す前（左）と後（右）では、自己認識に大きな差が出る。

宮口幸治　立命館大学大学院人間科学研究科教授。医学博士。精神科病院、医療少年院での勤務等を経て現職。著書に『ケーキの切れない非行少年たち』等。

Ⓢ新潮新書

1050

歪《ゆが》んだ幸《しあわ》せを求《もと》める人《ひと》たち
ケーキの切《き》れない非行少年《ひこうしょうねん》たち3

著　者　宮口幸治《みやぐちこうじ》

2024年7月20日　発行
2024年11月10日　4刷

発行者　佐藤隆信

発行所　株式会社新潮社

〒162-8711　東京都新宿区矢来町71番地
編集部(03)3266-5430　読者係(03)3266-5111
https://www.shinchosha.co.jp
装幀　新潮社装幀室
組版　新潮社デジタル編集支援室

印刷所　錦明印刷株式会社
製本所　錦明印刷株式会社

ISBN978-4-10-611050-4 C0236

価格はカバーに表示してあります。

Ⓢ新潮新書

874
コンビニは通える引きこもりたち
久世芽亜里

「9割近くは外出している」「不登校がきっかけは2割以下」「半数近くは7年超え」――。親は、社会は、何をすればいいのか。激変する昨今の引きこもり事情とその支援法を徹底解説。

847
マトリ
厚労省麻薬取締官
瀬戸晴海

「俺たちは、猟犬だ！」密輸組織との熾烈な攻防、「運び屋」にされた女性の裏事情、薬物依存の家族の救済、ネット密売人の猛追……元麻薬取締部部長が初めて明かす薬物犯罪と捜査の実態。

968
バカと無知
人間、この不都合な生きもの
橘 玲

50万部突破『言ってはいけない』著者の最新作。キャンセルカルチャーは快楽？「子供は純真」か？「きれいごと」だけでは生きられないことを科学的知見から解き明かす。

752
イスラム教の論理
飯山 陽

コーランの教えに従えば、日本人は殺すべき敵であり、「イスラム国」は正しいイスラム教徒である――。気鋭のイスラム思想研究者が、西側の倫理とはかけ離れたその本質を描き出す。

882
スマホ脳
アンデシュ・ハンセン
久山葉子訳

ジョブズはなぜ、わが子にｉＰａｄを与えなかったのか？ うつ、睡眠障害、学力低下、依存……最新の研究結果があぶり出す、恐るべき真実。世界的ベストセラーがついに日本上陸！